1年目から生徒に信頼される！

中学校数学
授業づくりの
教科書

藤原大樹
Fujiwara Daiki
〔著〕

明治図書

はじめに

Society5.0に向けて，社会の変化が激しい今，改めて教師の在り方が問われる時代になってきました。教師が過去に経験した学校教育の考え方では通用しない。そんな声が多く聴かれ，新しい教育方法やツールが登場し，授業に自信のあった先生でさえ何が正解なのかが見えにくく，不安を抱いている方が多くいます。そのような中で，教師として重要な資質は，私は情報を批判的に捉えて，創造的に考え行動しようとすることではないかと思っています。

例えば，

「『ICT ツールは便利だ』と言われるけれど，アナログのツールと組み合わせて，両方のよさが発揮されるような単元をつくってみよう」

「『個別最適な学びと協働的な学びを一体的に充実させよ』と言われるけれど，主体的・対話的で深い学びの視点での授業改善がうまくいくように工夫して，資質・能力の育成につなげる方策を考えてみよう」

「『子どもに委ねるべし』と言われるけれど，このことは全員の子たちが自ら気づけることなのだろうか」

などと考える姿です。

よく「批判的な」と訳される英単語 Critical を「本質的な」と訳す研究者の方もいます。物事の本質を見抜こうとする目をもち，子どもたちの数学の学びを創造的に考えようと成長し続ける教師に，一人でも多くの方になってほしいと願い，本書を執筆しました。

　本書は「教科書」というタイトルですが，もしかしたら，経験の浅い先生方にとって一般的な"B規準"（最低規準）をあまり書いていないかもしれません。研修会などで全国各地の先生方と交流させていただくと，先生方のスタンダードが高いと驚かされる地域があります。決まって，研究会や勉強会の組織がしっかりしていたり，指導主事やリーダー格の先生の伴走が手厚かったりします。そのような地域の先生方を規準の姿としてイメージし，本書を執筆しました。

　数学教育の本質を外さないように執筆したつもりですが，この変革期，多様性の時代の教育を本書がすべてカバーできているとは限りません。私の考えや知識に偏りがある可能性があります。その辺りお含みおきいただき，本書に対して，共感していただいたところには付箋紙や下線を付しつつ，読者の皆さん一人ひとりが新たな問題や目標を発見できるように，ぜひ批判的に読んでいただきたいと思います。

　なお，正直に申し上げると，本書の紙幅にも苦戦しまし

た。もっと詳しく…と思う先生は，私が一人あるいは全国の熱心な先生方と編著等に関わった次の書籍

・『「単元を貫く数学的活動」でつくる中学校数学の新授業プラン』（明治図書）
・『中学校数学科　新学習指導要領×アフター・コロナ× GIGA スクール時代の数学授業 39の新提言』（明治図書）
・『中学校数学　指導スキル大全』（明治図書）
・『板書で見る全単元・全時間の授業のすべて　数学　中学校（1〜3年）』（東洋館出版社）

もご参照いただけますと幸いです。

　最後になりましたが，本書は令和5年度まで私が23年間各中学校で一緒に学ばせていただいた当時の同僚の先生方，支えてくださった保護者の皆様，そして「共育ち」してくれた当時の生徒であった皆さんのおかげで上梓することができました。お世話になりました皆様に，心から感謝申し上げます。

2025年2月

藤原大樹

目次

第3章

授業の中で
特に大切にしたい思い

◆••••••••••••••••••••••••••••••••••••◆

第4章
1年目から身に付けて
おきたい指導スキル

◆・・・・・・・・・・・・・・・・・・・・・・・・・・・・・・・◆

第5章
【領域別】
必ず理解しておきたい
指導内容

◆ ・・・・・・・・・・・・・・・・・・・・・・・・・・・・・・・・・・ ◆

第6章

テストと学習評価で押さえるべきポイント

第7章

授業外で
特に大切にしたいこと

◆••••••••••••••••••••••••••••••••••••◆

第1章
中学校数学教師の
マインドセット

1 プロの数学教師としての自分

□ 胸を張って，背伸びをして，立つ

　数学教師の使命とは何でしょう。それは生徒たち一人ひとりに数学の力をつけることです。この「力」は問題を解く力だけを言っているわけではありません。数学の楽しさ，有用性，美しさ，数学的な考え方の便利さなど，数学のよさを実感してはじめて，生徒は物事を数学的に捉えて粘り強く考えることができるようになります。

　あなたの理想の授業はどのようなものですか。教員採用試験で面接官の方に語った言葉を思い出してみてください。私は25年前，「学ぶ意義を実感する数学授業を目指します」と語りました。先生方一人ひとりがオーナーシップ，教師エージェンシー（変革意識と責任）をもって，どんなときも胸を張って，子どもに向き合ってほしいと思います。

　授業へはできる限りの教材研究をして臨みましょう。教師は教え手であり，学び手です。子どもの前では「先生」としての背伸びも必要です。先輩や管理職の先生に授業を観てもらうなど，さらなる背伸びを何度もしていると，いずれその背の高さにあなたの力量が追いついてきます。

□ 膝を折って，耳を傾ける

　「鉄は熱いうちに打て」というように，熱意に満ちた初任校での苦労や工夫した経験は，間違いなくその後の5年後，10年後の自分に返ってきます。一方，今「これでいいや」と自らの限界を早くに決めた先生は，あるはず自身ののびしろが見えなくなり，成長が止まります。周囲の同僚にもその姿勢が伝わると，もったいない状況になります。

　以前，TTのT1を担当した初任の先生の授業は，塾講師の経験さながらの，教師の語りのみで埋め尽くされるものでした。生徒は楽しそうにないので，「苦手な子たちの表情，見てる？」と伝えてみました。すると数日後，生徒たちが話し合う余白がある授業が増えてきたのです。彼女は子どもたちに自ら耳を傾け，感想を直接聴き，「わからないことを自分たちで話し合いたい」と言ってもらってハッとしたのだそうです。その姿勢に私は深く感心しました。

　逆に，何らかの理由で先生自身の表情が暗くなるときもあるでしょう。そんなときは，膝を抱いて，誰かに聴いてもらいましょう。時間の経過とともにその山が過ぎると，驚くほどに目の前の霧が晴れ，周囲の様子がよく見えてくるようになるものです。それを私は，これまで何度も経験してきました。こちらを向いてくれている子たちをまずはよく見て，「今を続けること」を目標に，あなたの強みを再び発揮できるときをもう少し待っていてほしいです。

2 生徒はなぜ数学を学ぶのか

□ 教師はなぜ数学を教えるのか

　なぜ生徒は数学を学ぶのでしょうか。「よい成績をとるため？」「入試準備のため？」「親に怒られないため？」そもそも数学の本質に迫る，数学学習の目的とは何でしょう。

　視点を変えます。あなたは，なぜ生徒に数学を教えていますか。「点をとって自信をつけてほしいから」や「仕事だから」ではなく，教育的な高い立場から考えてみましょう。

　元静岡大学の長崎栄三先生は，多くの研究者の考えを踏まえ，著書『何のための算数教育か』（2007，東洋館出版社）で，数学教育の目的を次の3つに整理しています。

> 数学教育の目的
> 　人間形成的目的　　実用的目的　　文化的目的

　端的に言うと，「人間形成的目的」とは，数学的に考える力をつけるため，ということです。数学を使う力や仲間と考え合う力なども含まれ，陶冶的目的とも呼ばれます。「実用的目的」とは，生活や社会で必要な計算力や空間の想像力，現実世界の問題解決力を養うため，ということで

す。実質的目的と呼ぶ研究者の方もいます。「文化的目的」は，数学の偉大さ，美しさ，楽しさを味わわせるため，ということです。味わいが重要です。これらの３つの目的は独立関係にはありません。例えば実用的目的や文化的目的を意図した授業で，人間形成的目的を副次的に達成することも考えられます。

あなたの「なぜ教えるか」は，どれに近いですか？

□ 「なぜ教えるのか」を 「なぜ学ぶのか」に変える

生徒は，中学校数学を学ぶ前，「なぜ学ぶのか」をはっきりとは知りません。先生が授業中に３つの目的を延々語っても，生徒は納得できない上，資質・能力はつきません。この両方を満たすには，生徒が考える活動，生徒が生活に生かす活動，生徒が数学をつくる活動を授業で設けることが必要です。肯定的な数学観をもてば，中学校卒業後の生活，学習，職業選択によい影響があるはずです。

「物事を数学的に考えることは，論理的に生きていく上で大切だと思いました」，「数学は生活の中でひそかに役立っていて，自分も社会をよりよくするために数学を使った仕事についてみたい」，「新たなことがわかるとまた新たな疑問が生まれてきて，同じように説明できたり意外と成り立たなかったりして，数学は終わりがないのがおもしろい」。

こんな学習感想を授業後や年度末に生徒たちが書いてくれるような授業を目指してみませんか。

3 どうしたら学びやすくなるか

□ 環境を整え，ルールを設ける

　生徒が学びやすくなるように，教師や生徒が学ぶ環境を整えることが大切です。黒板やチョーク，電子黒板回りをきれいに保つこと，机間を通りやすいようにすること，文房具を揃えたり端末の充電を蓄えたりしておくことなどは，落ち着いて学習に臨むための第一歩です。黒板にプリント類を極力貼らないなど，学級担任との連携も大切です。

　また，ルール（学習規律）について，教師と生徒とで共通理解をしておくことも生徒が安心して学ぶ上で大切です。
・自信がなくても，まずは自分の考えをノートに書く。
・過程が残るよう，できるだけ書いたことを消さない。
といった，資質・能力を高めるための心構えに加え，
・解き終わったら，まずは見直しをし，先生の合図があれ
　ば，答えや解き方の確認のために，離席してもよい。その際，必ずノートと筆記用具は持参する。
・その確認が終わったら，苦手な子の支援に回る。
等について，教師の方針と生徒の意見をすり合わせ，合意形成を図るとよいでしょう。授業者の個性等を生かしつつ，翌年度に担当が変わっても支障が出ない配慮も大切です。

□ 目標，内容，個性に応じて
　環境を調整する

　本時の目標や内容に応じて，学びやすい環境を整えることも大切です。例えば，空間図形の位置関係について理解する学習では，長いまっすぐな棒が2本あると，2直線の垂直と平行を演示しやすくなります。辺構造の模型があるだけで，生徒同士の対話がしやすくなるでしょう。

　また生徒の個性に応じた環境整備も大切です。例えば発達障害等があり，文房具やノート等をなくしがちな生徒には，家庭や同僚と相談の上，貸出用の鉛筆等を準備したりノート等を教師が保管しておいたりする必要も出てきます。テキスト入力もできる手書きアプリをノート代わりに使えば，手書きが苦手な生徒を支援できるかもしれません。ギフティッドなど非常に数学に秀でた生徒には，授業内容に取り組むことと並行して，ICT を活用して高度な数学を学び進めることを許容することも考えられます。

　また，生徒の事情に応じることも大切です。例えば海外生活が長いと，学習内容や学習習慣の違いから，日本で苦労する場合が多くあります。言語の壁により相談しにくい子もいます。例えば端末でのドリル中心で学んだ生徒は，すぐに答えや解き方，次の問題を知りたがります。個別学習の機会を設けつつ，目標や観点別評価について説明し，協働学習のよさを時間をかけて感得してもらいましょう。

4 学校の数学教師だからこそ できること

□ 学べば学ぶほど個が結ばれる教育

　学校のよさは，多様性に富んだ生徒が一堂に集まって，教師を含めてともに学ぶことであると思います。学習指導要領の前文にあるように，自分のよさや可能性を認識し，他者を価値ある存在として尊重し，多様な人と協働して社会的変化を乗り越え，豊かな人生と持続可能な社会を創っていけるために学校はあります。数学の授業は，どのような場になっていくべきでしょうか。

　例えば，共通の問題を解いている過程で生まれたある生徒の本質的な質問や悩みを全体で取り上げて，それに答えるための説明をみんなで考える p.33 のような授業。また，共通の問題を解決した後に生まれた各個人の疑問をとことん追究して，その成果を後で共有し，そのよさを他者と味わう授業。ときには，自分の理解度に合わせた問題を集中的に解いて自信をつける授業も，再度の協働に向けて必要でしょう。

　学べば学ぶほど個人と個人が結ばれる教育を目指し，これを支えるための生徒理解力と教材研究力と指導実践力が，数学教師の専門性として重要です。不易と流行の「不易」

の部分といえるかもしれません。

□ テクノロジーの発展と数学教師の専門性

　テクノロジーの急速な発展により，数学教師の専門性が少し変化してきています。「流行」の部分です。

　現在は，学習支援に特化した生成 AI を自由に生徒が使える環境になれば，生徒が解けない問題があったとき，それまで教師にしていた質問を生成 AI にする方が，いつでもどこにいてもすぐに欲しい答えが手に入るかもしれません。教師にとっても，単元や目標を入れてプロンプトを作れば，生成 AI はそれなりの学習指導案を作ってくれます。

　しかし，これらはあくまで情報検索による帰納的な 1 つの答えでしかないことに留意が必要です。誤りを含んでいないかだけではなく，真にそれが今の生徒に合ったものなのか，教師の教材観や生徒観に適合した指導案なのかなど，検索結果をあくまで「たたき台」として扱い，その質について評価・改善する姿勢をもたねばなりません。

　これからの数学教師の専門性としては，生成 AI や教育クラウド，アプリなどを使って協働的あるいは個に応じた数学指導を進める力，また校務にテクノロジーを使って効率よく業務を進める力が必要です。さらに，今後も新たなテクノロジーの発展について情報をキャッチしながら，失敗を恐れず新たな教育に対して試行錯誤しながら挑戦し続ける力も，教師にとって重要であるといえるでしょう。

5 教育は「共育ち」

□ 先生は「独り」じゃない

　教育とは「共育ち」である。これは，私が大学2年生の頃の授業担当のある校長先生が仰っていた言葉です。「教師は教える立場だけど，学ぶことが必要ですよ」というメッセージとして受け止めています。

　数学の教員として教育委員会から採用されたからといって，すぐに数学の授業が上手にできるとは限りません。数学指導や評価について相談できる人，近くにいますか？

□ 同僚や同期の仲間から学ぶ

　横浜市で教員になったばかりの私のあだ名は「生意気の塊」。先輩方にそう茶化されていました（汗）。自分の考えだけで行動する不器用な私を見かねて，副校長先生が仰った言葉が「スポンジになりなさい」です。「まずは，教わってやってみる。やってダメだったらスポンジをぎゅっと絞って捨てる。でも使えそうだったらスポンジにためておく。その繰り返しですよ」と。優しい強面を思い出します。

　それからは先輩の数学の先生方に授業やテスト，評価の

ことなど，頻繁に質問にいくようにしました。いろんな意味で怖い先生方だったのですが，拙い言葉で私なりのこだわりを伝えてみると，否定せず，「まぁやってみたらいい」と肯定していただけて，少し自信がもてました。

　また，同世代の部活の顧問仲間にも，数学科の教員が数名いました。土曜にサッカー部の練習試合を終えた後，居酒屋に雪崩れ込んで，関数のテスト問題や図形のワークシートなどを交換し，互いのこだわりを言い合ったり，困る場面の対処法などを聴き合ったりしたこともありました。彼らは，私に仕事やプライベートで辛いことがあったときにも，一緒にいて支えてくれたよき仲間でした。

□ 仲間から学ぶ

　知り合いの他校のベテランの先生に誘っていただいて，私は教員2年目から，横浜市の研究会「浜中数」の数量関係研究部の門を叩きました。たまたま同世代のメンバーが数名おり，部長や副部長のベテラン陣が私たちをのびのび泳がせてくださいました。研究授業の授業者はまさに取り合い…。なれなかった者は，プレ授業やプレプレ授業の実施と公開を自ら申し出たものです。みんなで議論し，観て，1つの授業を育てていくのがとても勉強になりました。

　一般に，他校の先生とは利害関係が生まれないので，何でも話しやすいものです。私の一次関数の研究授業のプレ授業をしてくれたある先生は，数年後にご実家の県へ帰り

ました。離れて20年ほど経ちますが，日数教の全国大会で会ったりSNSでやりとりしたりする，よき友です。

□ 子どもから学ぶ

「昨日の授業はなぜうまくいった？」「なぜ今日はうまくいかなかったの？」など，最も知りたいけどよく見えない点をすぐ聴ける相手，それが目の前の子どもたちです。

5年目のとき，ある男子生徒に「先生は得意な人しか教えないよね」と言われました。そんなつもりはなかったので，それなりに落ち込みました。しかし，彼にはそう感じられたのですから事実です。気持ちを切り替え，勇気をもって伝えてくれたことに感謝し，改善を考えたものです。

大学教員となった今も，70人近い受講者との1対1を，授業中の机間指導と授業感想で保っていこうと試みています。授業中にYouTubeを観ている学生や別の授業課題をやっている学生がいれば，机間を回って注意しています。

8月，小免の講義で学生たちに算数の問題を取り組ませていました。机間を回っていた私に「もうわからん，やりたくないです」とつぶやく男子学生。個別に助言して一旦離れ，再度戻ってきたところ自力で解けたようで，「算数すげー！」と叫んでいました。大学の講義に慣れない私に「今のやり方でいいんだ」と教えてくれている気がしました。

第2章
持続可能な
教材研究

1 どんな力をつけたいか

□ 数学科固有で育成を目指す資質・能力

現行の学習指導要領では，数学的に考える資質・能力を児童生徒一人ひとりがバランスよく身に付けることが求められています。中教審の2016年答申では，次の三つの柱を定めました（下線は筆者）。それは「生きて働く『知識・技能』の習得」「未知の状況にも対応できる『思考力・判断力・表現力等』の育成」「学びを人生や社会に生かそうとする『学びに向かう力・人間性等』の涵養」です。

知識及び技能であれば，単に覚えるだけではなく，思考・判断して表現するために活用可能な状態で習得しておくことが求められています。三つの柱をバランスよく育てるためには，生徒が未知なる問題に直面し，数学的な見方・考え方を働かせ，既有の知識や技能を選んで活用しようと試行錯誤し，その解決の過程や結果で新たな知識や技能を獲得し，定着させていく授業展開が大切です。

□ 教科等横断的な視点から 育成を目指す資質・能力

各教科等の特質を生かし，教科等横断的な視点から育成

を目指すべき資質・能力として，学習指導要領の総則では，言語能力，情報活用能力，問題発見・解決能力が例示されています。数学の授業は，メインとなる数学科の本時目標のよりよい達成に，どの能力の発揮が必要かを具体的に捉え，展開していきます。

　例えば，言語能力であれば，数学的な表現を用いて考えを発信する（書く，話す）こと，受信する（読む，聴く）こと，考え合う（話し合う）ことは，数学の学習で考えをよりよく発展させる等の効果があるとともに，総合学習や社会生活で必要です。数学的な表現を用いて説明し伝え合う活動は，学習指導要領で内容〔数学的活動〕として位置付けられており，特に「事柄・事実」「方法・手順」「理由」を説明できるようにすることは，数学科固有の資質・能力です。学習指導においては，偶発的に生まれる言語活動のみに期待するのではなく，国語科での学びを踏まえた意図的・計画的な言語活動を，目標の達成に向けて設けるようにしましょう。

　情報活用能力では，数学や現実の世界における問題を数学的によりよく解決したり新たな問題を発見したりするために，必要な情報を選択し活用することが大切です。与えられた情報と要求されている結果から逆算して何があれば解決できそうかを見通したり，必要な煩雑な表現・処理を動的幾何アプリやグラフ描画アプリで簡易化したり，新たな気づきを得ようと多くの生徒の考えを教育クラウド等で瞬時に共有化したりして，目標の達成を目指しましょう。

2 問題との出合いの演出

□ 生徒にとっての唐突感はないか

長方形 ABCD の１辺を回転の軸として一回転させ円柱をつくります。軸を辺 AB にしたときと辺 BC にしたときとでは，できる円柱の体積はどちらが大きいですか。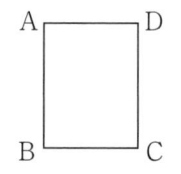

この問題（中２文字式）を授業でいきなり提示して解かせると，生徒には少し唐突に感じるかもしれません。生徒に少しでも関心をもってもらうため，感覚的に結果を予想する機会を設けるような導入も考えられますが，生徒の中で少し問いを温める時間が必要ではないでしょうか。

子どもの科学的な探究には，次の４つのレベルがあります（Banchi & Bell，2008）。目指す授業はどれでしょう。

1. 問題と解き方と解を教師が提示し，生徒が確かめる
2. 問題と解き方を教師が提示し，生徒が解を調べる
3. 問題を教師が提示し，解き方と解を生徒が調べる
4. 問題と解き方と解を生徒が調べる

子どもたちが先行き不透明な時代を生き抜いていけるように，現在の学校教育では問題解決能力のみならず，問題発見能力が教科横断的に重視されています。そう考えると，

授業では4．の探究を目指したいですが，教師が何もせずに冒頭の問題（本題）を生徒が発見するのは無理でしょう。

□　1つ前の問いから始める

長方形に見立てた下敷きなどを実際に回転させて観察する生徒に，「どんな立体ができるかな」「何種類の円柱ができるかな」「2種類の円柱で何の数量が異なるかな」と問いかけてみてはどうでしょうか。これがきっかけとなり，徐々に2つの円柱の体積の大小が気になる子が増えていきます。本題の“1つ前の問い”が本題を生み出すのです。

教材研究では，「子どもはなぜ学ぶのか（なぜその問題を解くのか）」を検討しておくことが大切です。「できそうでできないから考えてみたい」という知的好奇心もよいですし，「前回の単項式の計算でできたことが多項式でも同様にできるか知りたい」という統合・発展に向けた動機付けもよいです。現実的な事象を扱うときなら，「私たちの生活改善に役立つ」「架空の会社員が上司を説得するときに役立つ」などの動機付けも大いにアリでしょう。

なお，本題の解決の後に“1つ後の問い”として「どの程度大きいのか」を考えれば，面積の比が辺の長さの比と等しくなるという教材の本質に気づくことができます。

【参考文献】
・Banchi, H. & Bell, R. (2008)『The many levels of inquiry』(Science and children, 46(2), 26)

3 前後の学習とのつながり

□ 既習内容と本時のつながり

　数学は，抽象化した概念を論理によって体系化する学問です。数学科の授業では，この数学の体系について数学的活動を通して生徒が創造的に学んでいくことが大切です。

　算数・数学における創造的な活動について，中島（1981）は「算数や数学で，子どもにとって新しい内容を指導しようとする際に，教師が既成のものを一方的に与えるのではなく，子どもが自分で必要を感じ，自らの課題として新しいことを考え出すように，教師が適切な発問や助言を通して仕向け，結果において，どの子どもも，いかにも自分で考え出したかのような感覚をもつことができるようにする」（p.70）と述べています。私たち教師は，日常の授業においてこの実現を目指していきたいものです。そのために，授業前の教材研究では，様々な既習事項を見渡して，生徒が数学的に考える上でどの内容が本時で使えてどの内容が使えないのかを確認しておくことがまずは不可欠です。

　正の数の平方根（以下，平方根）を中2で学習しますが，新たな数と出合い，数の世界が拡がる経験は，中1の正負の数の学習や小学校の学習でしています。その過程では，

大小比較の学習や演算の決定と手続きの学習，さらには文章題への活用学習をしてきています。その学習の結果や過程と経験と比較することで，「$\sqrt{2}+\sqrt{3}=\sqrt{5}$ といえるのだろうか」などの問いが生まれたり，直近の学習を振り返ることで「$\sqrt{2}\times\sqrt{2}$ は $\sqrt{4}$ なので $\sqrt{2}\times\sqrt{3}=\sqrt{6}$ ではないだろうか」という見通しが生まれたりして，平方根の学習をより深めることができます。

　問題を解決したり新たな数学の知識をつくり出したりするために，生徒が「何を」「どのように」使えばよいのかを生徒自身が判断していくことが大切です。

過去の授業　　本時　　未来の授業

☐ 本時の学習内容とその後のつながり

　既習内容が本時に生きるということは，本時の内容はその後の学習に生きるはずです。「学んでいてよかった」と学習内容のよさや自らの成長を生徒が実感できる機会が本時の後には必ず待っています。それがいつなのかを見据えておくと，本時の学習指導の意義を感じながら授業に臨むことできますし，逆算した指導ができるようになります。

　例えば平方根の学習で出合った無理数は，中3では二次方程式，図形の相似，三平方の定理の学習で大活躍します。図形について考察する場面で数多く登場するので，平方根の学習でも，式と図形のつながりを重視して展開すると

後々で活用しやすくなるでしょう。また，平方根が苦手な生徒には，少なくとも基礎的な計算だけはできるようになっておけば，その後の学習が円滑に進みます。なお，自由進度学習を進める場合，単元学習計画やプリント等（AIドリルを含む）を生徒にすべて示すと，主体的に見えても，創造的な活動を実現しにくい場合があることを留意しておく必要があります。「獲得した知識・技能を定着させるため〇時間を自由進度学習にする」等，単元の授業時数のうち，どのような目的でどの何時間を自由進度学習に充てるのかを計画しておくとよいでしょう。生徒の創造的な活動の機会を保障し，学習指導に適切に関わりましょう。

□ 活動のつながり

　生徒が昨日学んだ内容を基にして，新たな知識を学んでいく際，それらの活動に類似性や一貫性があれば，多くの生徒は経験を生かして数学的な見方・考え方を自ずと働かせることができ，粘り強く学び進めることができるようになります。諦める子が減るということです。また，理解の鋭い子は「こういうときには式のここに着目してアレを使えばよさそうだ」という方法の見通しが利いてきたり，確かな方法知が徐々に身に付いてきたりします。内容のみならず，方法（学び方，活動）のつながりも大切です。

　例えば中３の平方根の学習では，近い値で考える，扱いやすい数で考える，図形で考える，などを繰り返し使いま

す。具体的には，近似値で考える，平方して考える，$a\sqrt{b}$ や $\sqrt{a}$ の形で考える，長方形の面積で考える，です。例えば，ある面積の正方形の一辺を考える中で，数の平方根と出合う場面。次いで，平方根の大小比較について考える場面。その後の乗法や加法の計算方法について考える場面でも，この3つの考えを繰り返し使って活動します。

　単元の学習の後にも，このような活動や考えが生きていきます。二次方程式の文章題では，根号を含む解が問題に適しているかを，近似値で確かめる必要があります。三平方の定理や相似の学習，高校での三角比や解析の学習においても，図形と式を往還して考えますね。

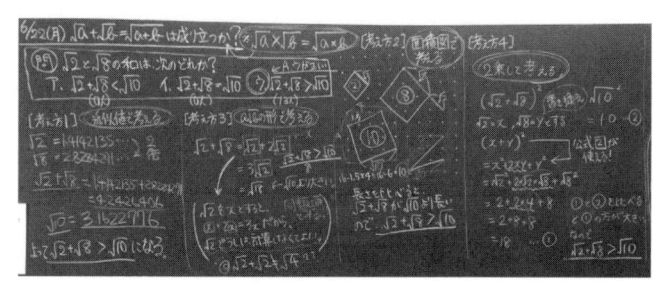

　単純な式から複雑な式に変えながら計算の仕方を学ぶ過程や，文字式での説明・証明，文章題を方程式で解決する手順，関数を用いて未知の値を予測する方法，統計的探究プロセスなども，3年間でほぼ共通です。長期的な展望をもって生徒を育てる意識をもつようにしましょう。

【参考文献】

・中島健三（1981）『算数・数学教育と数学的な考え方　その進展のための考察』（東洋館出版社）

4 生徒の解答やつまずき，誤答を予想する

□ 生徒の反応予想は多様に

　学習指導を円滑に進めるための教材研究として，授業者の発問に対する生徒の反応を予想しておくことは極めて重要です。授業は一問一答ではなく一問他答です。教師の問題や発問に対して3つ，4つと正答を予想しておいても，予想外の反応や別解が出されることもあります。そんなとき，予想を十分にしておけば，「やばい，その考えを避けたい」と焦るのではなく，「こんな考えもあるんだ，もっと聴いてみたい」と肯定的に受け止める余裕が生まれます。

　また，授業では出題した数分で解けてしまう子もいるかもしれません。その子はその後，別の問題を解いた方がよいのか，条件変更をして新たな問題をつくって考える方がよいのか，解き方の説明をノートに詳述したり苦手な子を支援したりした方がよいのかを予め検討しておきましょう。

　最初はなかなか予想できなくても，日々の指導と評価の積み重ねが経験となり，徐々に予想できるようになっていきます。また，多様な反応を受け止めつつ，自然な流れで本時の目標を達成していけるようになっていきます。

□ つまずきや誤答こそ予想する

　つまずいている生徒がいたとき，机間指導で一人ひとりの反応を丁寧に見ていれば，「そうじゃない，こうすればいいんだよ」と伝えることは簡単です。しかし，なぜそれが誤りなのか，どこをどう変えたら正解になるのかまで理解できないと，その生徒は腹落ちせず再びつまずきます。

　授業者が教材研究でつまずきや誤答を予想できていないと，つまずいている生徒がいたときに即座に対応できません。授業者は，生徒が「どこでつまづきそうか」「なぜつまずきそうか」についても予想しておく必要があります。

　その上で，具体的な指導の手立てを検討します。手立てには，個別の声を掛けも考えられますが，匿名でそのつまずきを全体で取り上げ，みんなで意見を出し合い乗り越えていく展開には，教育的に大きな価値があります。つまずいている子だけではなく，正解できていても確信がもてない子，理由の説明ができない子，わかったつもりの子への指導にもなるからです。つまずきを基に，どこを修正すればよくなるのか，その根拠や着想は何かなどを考え，伝え合い，納得し合うように展開するのです。一人のつまずきは，みんなで乗り越えるべき問題となるのです。

　なお，研究授業では学習指導案に予想される生徒の反応を誤りを含めて記載し，つまずきを生かしてどう乗り越えるのかを書いておきましょう。

5 教科書を「使う」意識

☐ 最初は見せないで，
必要な場面で開かせる

　教科書は独りで学んでもわかるように構成されている読み物です。例えば，生徒が考えて定理を発見する授業では，読んでわかる子にとっては教科書を開くことで試行錯誤して考える機会が奪われ，学習効果が損なわれます。そこで，授業の最初は示さず，どうしてもわからないとき，正式な記述を確認するとき，練習問題に取り組むときなど，然るべきタイミングでのみ教科書を開くなどのルールを先生ご自身で設けておくとよいです。

　自由進度学習では生徒が自由に教科書を開くことが多いですが，自分自身でよく考えているか，教科書を正しく読めているかなどを確認するようにしましょう。

☐ 教科書の文章題をアレンジして使う

　身の回りに関する文章題を取り上げる目的には2つあります。①現実の問題を解決する力をつけること，②数学についての理解を深めること，です。

　例えば，追いかけ算などの速さの問題は，実際の場面と

かけ離れていることが多くあります。しかし，解決の必要性のあるストーリーに変えられれば現実場面に近い問題解決になります。次の図は，パンクして BBQ 会場まで歩いた主人公がどれくらい大変だったかを知るために，歩いた距離を求める文脈にアレンジした授業の板書の一部です。

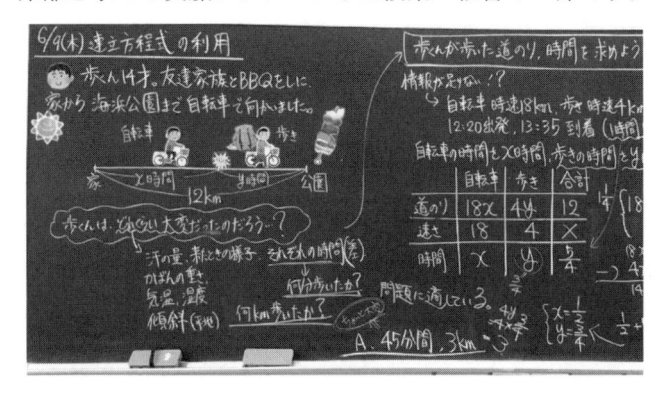

　また文章題の解決後に，無意識に設けていた条件や仮定に目を向け，実際に近付けて問題を修正してから再解決することも，目的①に関して意味がある取組です。

　一方，遊園地の入園料の問題（連立方程式）では，「遊園地に入ったのになぜ入園料を知らないの？」と非現実的で妙な違和感が生じます。過不足の問題も同様ですが，これらは上記①というよりも，現実の事象における数量の相等関係を捉えて立式するなど，一次方程式の理解を深めることができる，上記②のための問題です。上記①の準備としても重要です。

　文章題以外の問題についても，授業のねらいや生徒の実態と照らして，教科書の問題をアレンジしてみましょう。

6 教師用指導書に「任せない」意識

□ 同僚の先生とともに使う

　多くの先生方にとって，教科書の教師用指導書は授業づくりに欠かせないツールかもしれません。「朱書き」などと呼ばれ，開くと教科書の各ページの縮小版の周辺に，教科書の各ページの目標，各問の正答，展開の解説・留意点，参考情報などが書かれてあります。教科書の行間を読み取ることもできて，多忙な教師を助けてくれます。最近ではデジタル版も発売されています。

　ただ，指導書は1冊が高額なので，最新版が学校にないという場合は，古い物であっても各学年で大切に使用するべきです。同一学年の数学授業を複数の教員で担当する場合，1冊の指導書をどの先生が日常的に保管しておくのか，好きなタイミングで閲覧できるように共有スペースに置いておくのか，などを決めておく必要があるでしょう。

　一方，授業に自作プリントを使っているので，教科書や指導書はあまり使わないタイプの先生は，非常に注意が必要だと思います。なぜなら，多忙さを理由に学習指導要領の改訂や教科書の更新などを自作プリントに反映していなかったり，教科書以上に充実した内容の学習用プリントを

自作することはほぼ不可能であったりするからです。

□ 指導書に頼り過ぎず，
　自分の授業をつくる

　生徒が持っている教科書と同じような感じで指導書を手に持って授業をする先生がいますが，あなたはどう思いますか。私は数学教師としてのプライドがその行為を許せず，一度もしたことはありません。数学が専門でなく，他教科も教えねばならない状況なら許せるのですが…。

　また，教師用指導書には各問の正答がご丁寧に書かれてあります。教材研究を指導書のみに任せてしまい，授業で扱う問題を一度も解かないで教室へ向かうことは，教科指導の専門家として採用されている数学教師としてあるまじき行為です。教師が「高度専門職」と呼ばれることが増えてきていますが，それに見合うだけの専門性が，教師には求められています。もちろん，目の前の子どもたちに資質・能力を育成するために，です。

　授業準備の時短として，指導書のコピーに途中式や誤答例を書き込むのもよいかもしれません。小学校の先生がよくやっていますね。私は若い頃，指導書や他の資料を使って事前に授業の構想を立て，ノート1頁の半分に板書計画，半分に目標や誤答例などのメモを書いて，授業に臨んでいました。特別な授業でなければ，20分前後でできる作業です。授業中には，生徒の評価に関するメモを加筆できます。

7 板書計画でひと工夫

□ 構造的な板書を目指す

　板書は，授業中に得られた情報を容易に一覧できる貴重なツールで，これをいかに活用するかによって，生徒の学び方に大きな影響を及ぼします。板書が下手な先生は，授業で得られた結果しか書きません。板書が上手な先生は，学んだ過程も書き残します。問題は黒板の左上に，多様な考えは中央に，まとめや発展は右下に，などと基本的な構造を決めておくのが基本です。板書計画を立てておけば，授業中に臨機応変にアレンジする心の余裕ができます。

　次の頁の図は，中2の図形の授業の板書計画です。思考の流れがわかるように矢印を書いたり，生徒のつぶやきや感情を表現するのに感嘆符（！）や疑問符（？）を書いたりしています。

　その次頁には，この授業を実際やってみての最終板書も付けておきました。この板書はすべて私が書きましたが，生徒に板書してもらうことも多くあります。

　私は最初の6年間はノートに板書計画を毎時間書いていました。板書を撮影すると，指導改善などに活用できます。

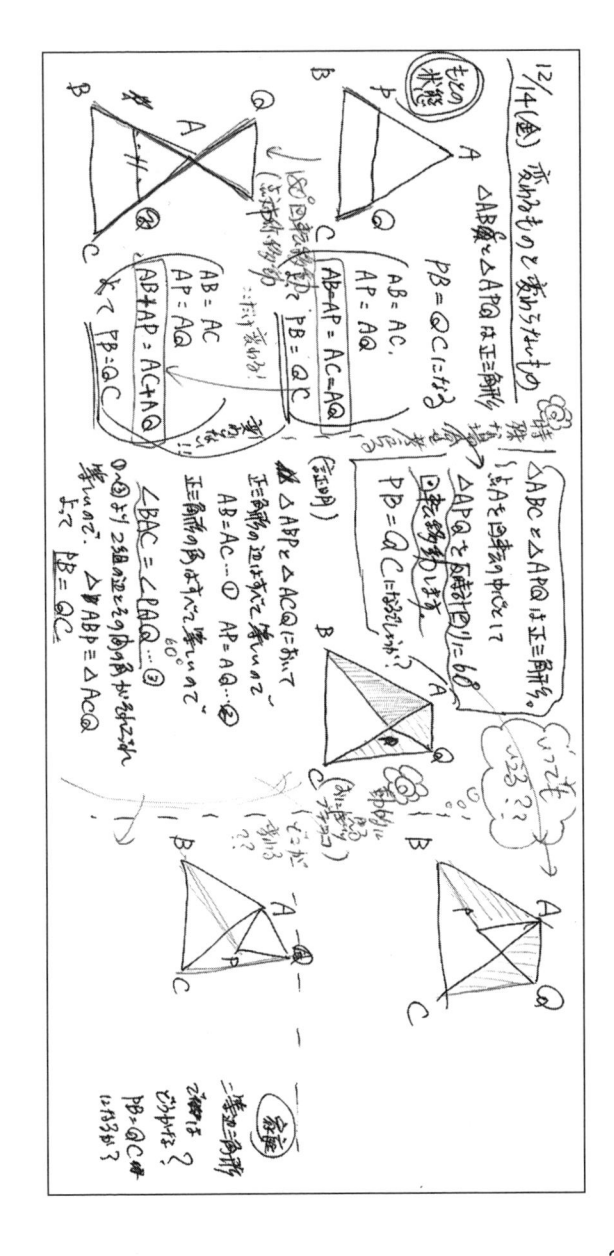

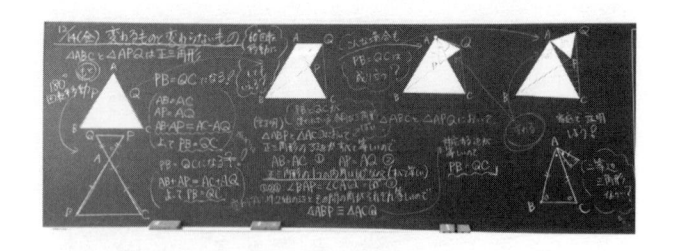

□ 板書するかを迷う「めあて」，映した生徒の考え

　「授業の冒頭に板書左上にめあてを書きましょう」と教育委員会から指導を受けている先生も多いと耳にします。なぜ，板書にめあてを示すことが必要なのでしょうか。

　本時が何のための授業かを生徒に意識してもらうことは大切ですが，示すのは必ずしも授業の冒頭でなくてもよいと私は思っています。授業後半に「あ，そのための授業だったのか」と生徒にインパクトを残す展開もあるからです。例えば次の頁の板書計画の授業で，最初から「連立方程式の意味を知ろう」と書いても，生徒は何のことかピンときません。各授業で，生徒に達成してほしいめあて（目標）は何か（「～か？」などの問題や課題ではない），いつ登場すると効果的か，生徒から引き出せるか，どう書くか，などを検討します。私は「～できる」などの書き方は押しつけがましいので，テーマっぽく単語で書いていました。

　また，生徒の記述を電子黒板等で映し出したとき，その概要だけでも板書に残しておくと，授業全体を振り返って要点をまとめる終盤の場面でそれが生かせます。

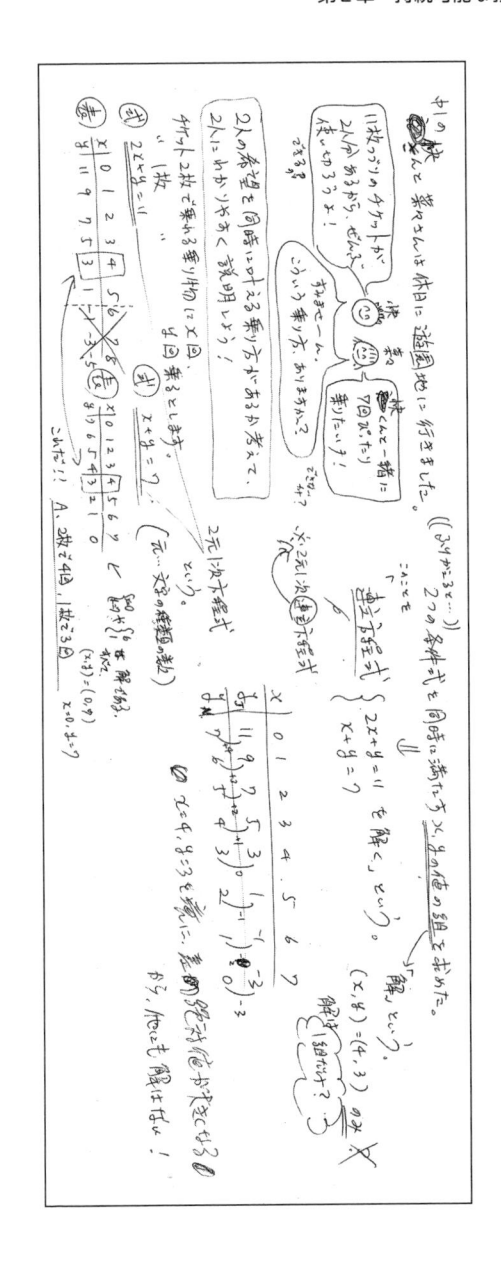

8 学びやすくて力のつく ワークシート

□ 載せる情報を少なくして, 活動の多様性を支える

　数学的活動を通して生徒が自分なりに考察して表現する授業では, 数学的な見方・考え方が豊かに働き, 生徒の記述などは多様になるはずです。そのような授業では, 生徒が思考したり表現したりする力を伸ばすために, ワークシートではなく, 自由に書けるノートが適しています。しかし, 方眼が欲しい, 文章が長いので与えたい, 図をかく時間を省きたいなど, 思考や表現を効果的に進めるためにワークシートを作成する必要が出る授業もあります。

　一方, 生徒の負担を軽減するために, 問題文や説明, 文字, 空欄の枠をワークシートに書きすぎてしまうケースも散見されます。その場合, 生徒は受け身になりがちです。「どこにどんなことを書くか」という反応予想をせずにワークシートを作成すると, 「書くところがないから, 書かないでおこう…」と諦める子も出ます。問題文や図だけを配ってノートに貼るのがベターなときもありますし, 生徒のタイプ別にワークシートの自由度を変える（選ばせる）, デジタルのワークシートにする, など対応の仕方も多様にあります。ただ, 単元全体の授業時数や目の前の生徒の状

況を考えると，知識及び技能の習得を能率的に進めるために，情報量の多いワークシートを用意したくなる授業もあると思います。その場合は，後で知識及び技能を活用しながらその意味と必要性を再認識できる単元展開を目指しましょう。

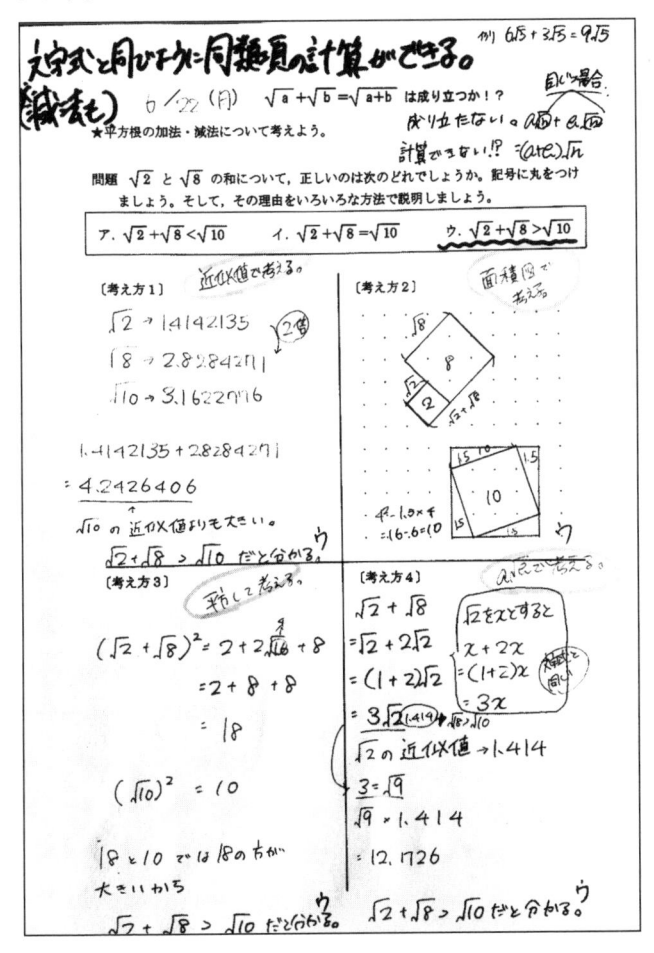

⑨ 授業者用の単元指導計画の単純化

□ 資質・能力と教材を小単元に割り振っていく

　年度当初の年間指導計画ではなく，単元の実施直前に単元指導計画を具体化し，調整しながら使うと見通しのある指導ができます。例えば中1「比例・反比例」で単元の問いを，藤原（2018）は学年横断的に「2つの変数の関係から未知の値を予測できるか」と捉えています。育てたい資質・能力を挙げて，もれ落ちやバランスを見ます。

> 関数関係，変数，変域，比例と反比例の定義　座標，事象からの比例や反比例の立式，…（中略）…，比例や反比例を活用して問題解決する方法の理解，比例や反比例とみなして未知の値を予測すること，粘り強く取り組む態度，問題解決の過程を評価・改善する態度

　次頁の表は，「比例・反比例」単元を「出合う」「深める」「使う」の視点（藤原，2018）で5つの小単元に分けた後，資質・能力や教材を割り振ったものです。「使う」小単元でグラフを多用してほしいので，教科書とは変えて最初に位置付けるなど，内容と活動の系統を確認します。ここに，授業時数や小テストなどを加筆していきます。

小単元	身に付けたい資質・能力（一部を略記）	教材
関数、比例に出会う	・関数関係、変数、変域の意味 ・比例の定義　・事象からの比例の立式 ・式の形から比例を判断すること	容器と水位 水そうと水位 教科書の問題
比例について深める	・比例の表の特徴とその調べ方　・座標の意味 ・表やグラフからの立式、式を使いこなすこと ・表や式からグラフをかくこと ・比例のグラフの特徴とその表し方 ・問題解決の過程を評価・改善する態度 ・粘り強く取り組む態度	変域や比例定数の拡張 変域や比例定数の拡張 $y = 2x$, $y = -2x$ など 教科書の問題
反比例に出会う	・反比例の定義　・事象からの反比例の立式 ・式の形から反比例を判断すること	面積一定の長方形 教科書の問題
反比例について深める	・反比例の表の特徴とその調べ方 ・表やグラフからの立式、式を使いこなすこと ・表や式からグラフをかくこと ・反比例のグラフの特徴とその表し方 ・問題解決の過程を評価・改善する態度	変域や比例定数の拡張 $y = \dfrac{6}{x}$, $y = -\dfrac{6}{x}$ など 教科書の問題
比例、反比例を使う	・グラフを用いた問題解決 ・活用して問題解決する方法の理解 ・みなして未知の値を予測すること ・問題解決の過程を評価・改善する態度	速さ、動点の問題 ランドルト環 初期微動継続時間

【参考文献】

・藤原大樹（2018）『「単元を貫く数学的活動」でつくる中学校数学の新授業プラン』（明治図書）

10 教材研究を学習指導案に表現する

□ 授業を観てもらう

　生徒が思考力，判断力，表現力等を高めるには，「受信→思考→発信→受信→…」の言語活動のサイクルを通してその質を評価・改善していくことが大切です。では，教師が教材研究力と授業力を向上させるためには，どのような取組が大切でしょうか。研究授業がその1つです。

　勤務校や地域等の研究会，学会などの各コミュニティーが，設定した目標に対して実践研究を効果的に進めるには，次の授業研究の過程（藤井，1999）を辿ることが効果的です。研究授業はその構成要素の1つです。

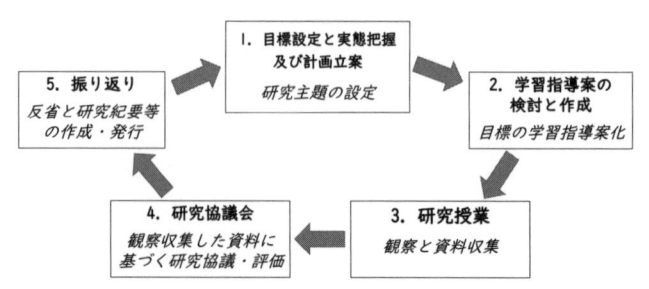

　今や我が国の算数・数学の授業研究の文化は，海外に高く評価され，様々な国や地域に広がっています。

　初任者研修や年次研修，校内研修，地域の件数などで研

究授業を課されることがあるかもしれませんが，経験の浅いうちに，むしろ自ら手を挙げて授業を何度も観てもらいましょう。一般的に，新採用で3年経つと，周囲の教員はあなたをベテラン扱いし，助言してくれなくなるものです。学ぶハードルが低い1，2年目の時期に，他の先生方から学ばせていただくよさを実感してください。そうすれば，その後も何度も挑む習慣がつき，成長し続ける教師となれるはずです。新採用でなくても，講師経験が長い方も中堅・ベテランの方も，新しい授業に挑んでほしいです。

□ 学習指導案の教材観，発問，反応予想を丁寧に書く

　学習指導案（以下，指導案）は各地域によって多様な形式がありますが，多くの自治体では働き方改革を意図して，その形式は簡素化傾向にあります。教員向けの生成AIでは一瞬で指導案が完成しますが，他の教師が作成した多様な指導案のデータから帰納的につくられるので，その主張は一貫性がなく，修正が必要なものになりがちです。研究授業は，授業者の思いや生徒の実態，目指す姿などを基に，発問や指導の手立てなどについて，論理的に主張を構成していくことが大切です。

　指導案の教材観（ここでは指導観を含む）の欄には，身に付けたい力と具体的な姿，学習する内容及び活動の前後のつながり，問題との出会い方や深め方，手立てなどを書きましょう。学習指導要領解説，国研の学習評価の参考資

料，各種教科書，先行研究，雑誌，論文など，入手できる情報の中から自分のやりたい授業の後ろ盾になってくれる情報を選び，引用などしながら作文します。作文に不慣れな場合，信頼のおける方の指導案の書き方を真似させてもらうとよいでしょう。また文献には敬意を払い，末尾の参考文献・引用文献の欄に掲載します。

　発信のために受信し思考することは，自分の理解や手立ての不足に気づかされ，自らの熟考につながります。教師にとっての言語活動といえます。もし完成前に誰かに相談するのであれば，9割程度の完成状態の指導案よりも6，7割程度の方が相談相手は助言しやすいので，お早めに。

　本時の展開の欄には，授業者の発問，及び予想される生徒の主な反応を，誤答を含めて丁寧に記載しましょう。授業者には，展開のイメージが鮮明にできあがるという最高のメリットがあります。また参観者には，授業者のイメージが授業で実現されたかどうかを評価しやすくなります。なお，授業者は，授業が始まったら本時の目標と問題以外の指導案の情報は一旦忘れ，生徒のことをよく見て，授業を楽しむことに専念しましょう。あなたの深い教材研究に支えられた鮮明な展開のイメージが，あなたを助けてくれるはずです。

【参考文献】
・藤井斉亮（2014）「理論構築の萌芽領域としての算数・数学科における授業研究（2）：授業研究の構成要素と構造の特定」（日本数学教育学会第2回春期研究大会論文集 p.113）

第3章
授業の中で
特に大切にしたい思い

1 なぜこの問題に取り組むのか

□ やってみたくなる問題の4つの分類

授業の最初,「昨日の問3の次, 問4を今日はやりましょう」等と言っていませんか。「なぜその問題に取り組むのか」の答えが「教科書に問題があったから」では, 受け身の授業になってしまいます。生徒が「ちょっとやってみたい」とか「やる必要性を感じる」と思ってくれるような問題とは, どんなものがあるでしょうか。次の数学の事象と現実の事象で計4つのタイプで捉えられます。

1つめは, 統合的・発展的に考察して概念を獲得・活用する数学の問題です。(単項式)×(多項式) の計算ができるようになった後に「次に何する?」と問えば, 生徒から「(多項式)×(多項式) の計算をしたい」と生まれてきそうです。日々の授業で扱う問いをこのように生徒から引き出せれば, 生徒は問題発見する力がついていきそうです。

2つめは, できそうでできない数学の問題です。例えば「○ + △ = ○ × △ に当てはまる数の組を3組見つけなさい」のように, 当てずっぽうでもできそうで, でもなかなかできない問題です。文字式で表して変形するときまりが見え, 2と2, 3と$\frac{3}{2}$, 4と$\frac{4}{3}$など無数に見つかります。

　3つめは，架空の人物・立場として判断・行動する現実世界の問題です。例えば，「陸上部のコーチとしてリレーのよりよいバトンパスを助言してください」や「ボウリング場の店長としてエリアマネージャーにシューズの買い替えの予算を計上する提案書を作成してください」などがあります。数学を使う場面や仕事のことが少し見えてきます。

　4つめは，実在の人物・立場として判断・行動する現実事象の問題です。例えば「学校の衣替えの期間は妥当かを調べて職員会議に提案しよう」などがあります。設定するのが難しいタイプですが，真正な問題を設定できれば，変革に向けて責任をもって行動する力（OECD の Agency）の育成に直結しそうです。

□ 問いへの共感はあるか

　3つめのタイプの問題を唐突に出すと，生徒は「え？なんで？」と引きそうですが，軽い雑談を挟んで「予算の計上って何を基にしてるんだろうね」などとオープンに投げかけると，問いへの共感や理解が得られやすくなります。

　また，三平方の定理の活用の問題で「高所から見える範囲」が全教科書にありますが，富士山に登った経験のある生徒は稀で，頂上からはガスで見えないことも…。逆に，富士山が見えて嬉しく感じた経験のある生徒は結構いて，「最大何km離れたところから見えるか」と問う方が，問いへの共感が生まれやすいです。

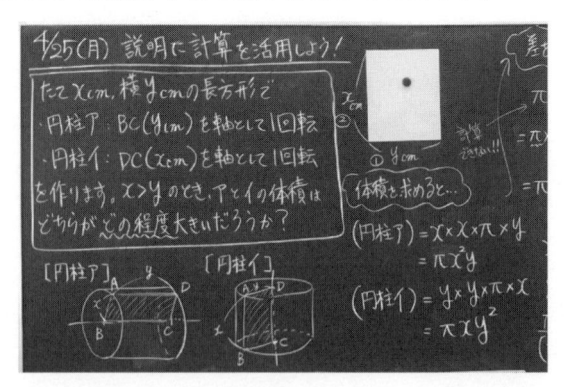（＝本文中の黒板写真）

２　みんなで学ぶことの意義

□ 一人では気づけないことに
　気づく学び

　私が中学校で授業をしていた頃，生徒同士の双方向の対話を重視していました。独りでの学びには限界があるからです。ときには離席を認め，生徒が友達と正誤の確認や解き方の比較をしたり，遅れがちな友達を助けに行ったりする機会を，単元の中で設けていました。

　次の図の問題を中２で扱ったときのことです。

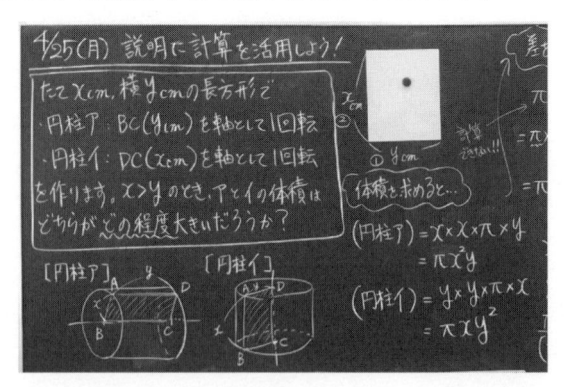

　「どちらの体積がどの程度大きいか」について，差や割合で考えていく授業です。「$\pi x^2 y - \pi x y^2$ や $\pi x^2 \div \pi x y^2$ は計算できるのか，できるならどうすればよいのか」との問いに対して，生徒の意見が分かれて活発な対話や新たな気づ

きが生まれると予想していました。

　ある生徒は離席して，次の図（ノート）の中央左に書いた減法 $\pi x^2 y - \pi x y^2 = x - y$ の筆算の記述を友達 4 人に見せて，π を消してよいかなどについて話し合っていました。

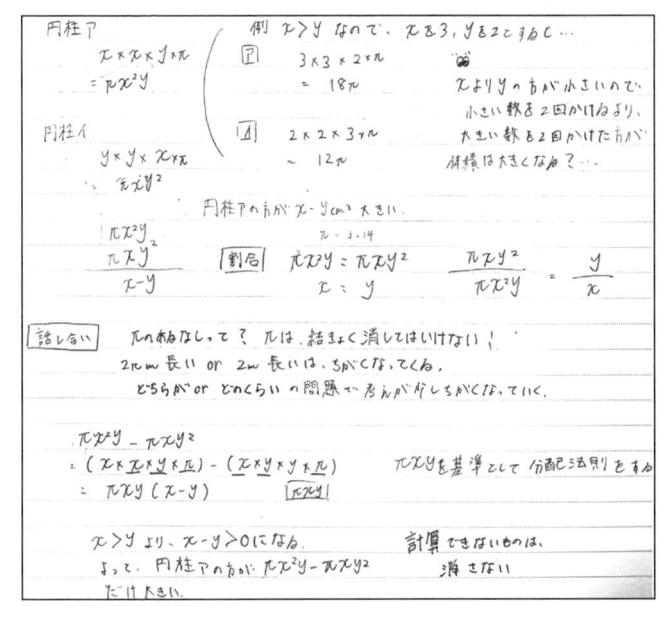

　その対話では別の単純な例でも計算を考え，「π は結きょく消してはいけない！」とノート中央に書けています。

　お互いに質問しやすい授業中の雰囲気とルールをつくることは，生徒一人ひとりが安心して成長し合う上で必要なことです。この雰囲気やルール（本書 p.16）は，教師の意見を伝えながらも，生徒の声にしっかり耳を傾け，時間をかけてでも合意形成してつくっていくとよいと思います。

3 机間指導は 唯一の１対１の場

□ 授業中に唯一の１対１になれる

50分の授業時間で，全ての生徒と教師とが１対１になれる唯一の時間が，机間指導です。生徒が真剣に問題を解いている間，全体的に生徒たちがきちんと取り組んでいるかをざっと見渡すだけでなく，生徒たち一人ひとりがどのように取り組んでいるかを確実に観察し，特に「努力を要する」状況（C）の生徒を見つけて，丁寧に対応することが最も大切です（本書 p.96参照）。

生徒各自の記述を観察する際，生徒側から見ないと，右図のように「何を」「どのように」書いているのか読み取りにくくなります。観察して評価した学習状況から，一人ひとりに適した手立てを即時的に講じることが，個に応じた指導，個別最適な学びの第一歩です。できていることを褒める，不足点に気づくよう助言する，あえて声を掛けずに見守る，さらに力が伸びるように新たに問いかけるなどです。

端末を使って生徒が記述を提出する授業では，提出した

くても解答がつくれず提出できない子が必ずいます。したがって，提出の有無を教師用の端末で確認しつつも，まずは提出できない子がいないかを生徒各自の表情やペンの動きなどを直に見て確認し，必要な助言をすることを最優先したいものです。端末でレポートを作成する授業などでは，教師用の端末から各自の記述の質を詳しく観察して，各自に合った助言を送信することが有効な場合もあります。

　机間指導では他にも，その後の考えの練り上げの時間に向けて，全体で取り上げる生徒の反応を探し，必要に応じて記録したり選んだりしておく必要があります（本書 p.92 参照）。

☐ 短時間での机間指導を 成功させるための準備

☑ 机間指導で観察する視点

　授業の計画段階で，本時の目標や教材などと照らして，まずは生徒たちがどのように反応するかを予想するようにします（本書 pp.32〜33参照）。

　例えば，計算する技能を高める授業で私は，問題が4問あれば「最初の2問を正しく計算できているか」（観点「知識・技能」）という視点を中心に，誤った答えや途中式を探して机間を回っていました。2問できていない子は，その後も自力でその先に進むことが難しいためです。

　計算の仕方について考察し表現する授業では，「どんな方法で取り組んでいる生徒がどの程度いるか」や「考えの

表現は簡潔・明瞭・的確にできているか」（観点「思考・判断・表現」），さらには「よりよい方法を考えようとしているか」（観点「主体的に学習に取り組む態度」）などの視点で各自の反応を見て回ります。

　また，どの授業でも共通して，解決に困っている場面で「ノートや教科書で解決の糸口を探そうとしているか」や「解答の妥当性などを周囲と検討し合っているか」（観点「主体的に学習に取り組む態度」）を見ています。

　このように，なんとなく観察して回るのではなく，授業の目標に照らして，ある程度視点を定めつつ，複眼的に観察して評価する必要があります。観察し始めてから反応の実際が予想と異なっていた場合は，すぐに全体の手を止めて新たな指示や確認をしたり，自身の観察の視点を変更したりすることも必要です。

　また，教室の座席で，苦手な生徒が集まって話合いが進みづらいエリア，苦手な生徒が得意な生徒に囲まれて質問しづらいエリアなどについても意識しておくとよいでしょう。どのエリアを重点的に回るかなどを含め，気になる生徒への手立てを考えることにつながるはずです。

☑　**机間指導での声掛けは「1つ手前」で止める**

　机間指導では，問題の解決が概ねスムーズに進むように個別に助言しますが，最初から最後まで教師が導いては，その子自身で解決できるようにはなりません。

　普通，人が考えるときには，自分が自分に発問しながら，失敗したり前に戻ったりしながら考えを前に進めていきま

す。それがうまく進まないとき，生徒本人に代わって「何が使えそうかな」「前回の問題とどこが同じでどこが違うかな」などと他者が代理的に発問することで，生徒のメタ認知を促し，自分でうまく解けるようになることがあります。これは「その式を解くと？」「三角形の内角の和は何度？」といった，内容に関する発問ではありません。

　次の図は重松（2013）の図を基に私が作成したものです。メタ認知的知識を指導しておくことが大切です。

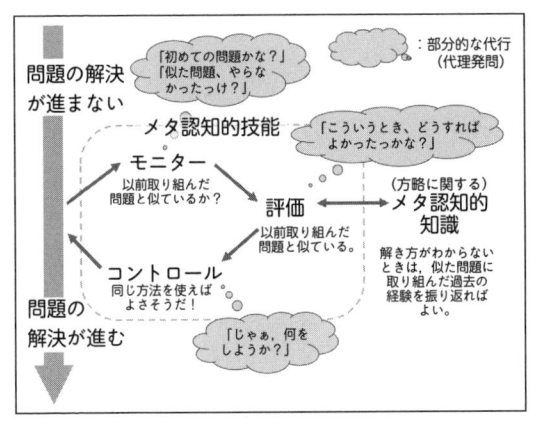

　机間指導の現場では，「この子は何がわかっていて何をわかっていないのか」という見取り，「どこに気づけば自分で解けそうか」という推察，「どう声掛けをするか」という手立てが重要です。事前の子ども理解と教材理解が深くないと，瞬時に観て判断・行動できません。事前の準備として，教材研究がやはり大切です。

【参考文献】
・重松敬一監修（2013）『算数の授業で「メタ認知」を育てよう』（日本文教出版）

4 「戻りながら進む」
　学び方ができるように

□ 本時までに準備が整ってなくても
　　構わない

　生徒が自ら目標を設定し，計画したことを実行して，それを省察することでまた新たな目標設定をする。このような自律的な学習者に生徒一人ひとりがなることが，今求められています。「学びに向かう力，人間性等」の涵養です。数学の授業でその実現を…と考えると「ウチの子たちには無理かも」と少し引く先生はいませんか。

　でも，授業の中で「こうなりたいな」「とりあえず思ったようにやってみよう」「あれ，なぜうまくいかないのかな」というように，目的をもって試行錯誤しながら数学を学んでいくことが，自律的な学習です。そこには，教師の適切な支援を含む学習指導が必要です。

　困ったときに，頼るものがなければ，よほど強い意志がない限りは諦めるほかありません。困ったとき，何に頼ればよいか。私は3つあると思っています。1つめは，友達や先生など「他者」に頼る。2つめは，教科書や端末などの「物」に頼る。3つめは最も大切なのですが，自分の記憶や記録など「過去の自分」に頼る。私たち大人も日常生活や仕事でこのようにいろいろなものに頼りながら過ごし

ています。学習を進めるときと同じです。大切なのは「困ったときにどうすればよいか」についてのメタ認知的知識を育てておくことです。

　例えば，「見たことない問題に出くわしたら，過去に似た問題がなかったかを探す」といった教訓です。したがって，「困ったときはどうすればいいかな」などと本来生徒本人が自分に対して問いかけることを授業者が代理発問して，その教訓を引き出せると効果的です。

　過去のノートを見返して，「使えそうな知識や経験，考え方はないかな」と探して功を奏した成功体験をしておくことは，「過去のノートにヒントがあるはず」という教訓を心に留めておく上で必要です。そのために，ノートに学習の記録を取っていきます（本書 pp.84〜85参照）。

　新たな単元に入る前に1時間程度の復習の授業をもつ先生もいますが，その効果はいかがでしょうか。例えば，関数 $y = ax^2$ の学習で1年ぶりに用語「変化の割合」が登場して，「変化の割合って何だっけ？」と苦手な生徒の多くが疑問に思ったタイミングでその復習をすれば効果的です。教科書（QRコード）やデジタル教科書では，復習のためのコンテンツが数多く見られます。

　既有の知識と結びつけて新たな知識を概念的に理解することは，「深い学び」として今まさに求められている学習です。ノートや板書，様々なツールを活用して，「戻りながら進む」の考え方で学習を豊かにしていってください。

5 板書で 見通しと振り返りを支える

□ 何のために何をしているかが わかる板書

授業中に生徒が学習に没頭すればするほど，何度も考えの見通しを立てたり既習事項を振り返ったりします。問題と答えのみならず，手順や根拠などプロセスを板書に残せば，生徒の見通しと振り返りを助けることができます。

次の画像は，中2の等式変形の授業板書の一部です。

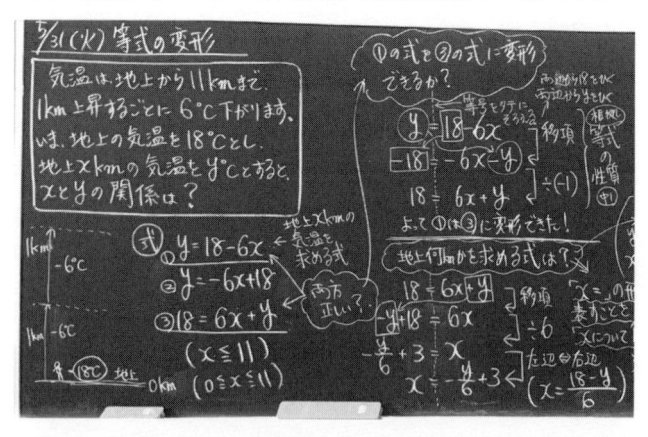

最初の問題に対して生徒から出されるであろう複数の式のうち，すべて正しいのかを検証するために等式を変形する，というストーリーで授業を立案しました。次いで，気温から標高を求める式をつくるために等式を変形する，と

いうストーリーも加えています。どのように式変形したか
を生徒に言ってもらい，等号を縦に揃えて途中式を書くと，
どこがどう変形されていったのかがわかりやすいというこ
とは私から伝えて，板書しました。また，式変形の根拠
「移項」「÷(－1)」「等式の性質」などは別の生徒を指名し
て答えてもらい，板書に加えていきました。

□ 少し前の板書と今の板書の行き来を促す

　つくった標高を求める式に6℃を代入し，実際に求めら
れることを確認して，教科書の練習問題に移りました。途
中式や答えは，座席順で生徒に板書してもらいました。解
説は私がしましたが，次の図の通り，最初の問題の等式変
形を照らし合わせながら，左辺に x のついた項を集めると
いう方針や式変形の根拠を強調するようにしました。

6 言語を大切に扱う

□ 言語活動は学習の方法であり，目的にもなる

　言語活動は，授業で意図的・計画的に設けることにより，自らの考えに納得したり誤りや不足点に気づいたりしやすくなるので，数学学習の方法として有効です。生徒が無理なく言語活動に取り組めるように，

　「間違っていてもよいので，まずは思いついた考えをノートに書いてみよう」

　「書いたことはできるだけ消さないで残しておこう」

　「途中まででよいので，どんな風に考えたかを隣の人に話してみよう」

などの声かけを繰り返します。頼るべき教科書やノートが手元にあり，質問しやすく間違っても責められない心理的安全性が，環境として大切です。教師自身が美しい国語を用いることは，言語環境を整える上で重要です。

　言語活動は，国語科の学びを要として教科横断的に言語能力を身に付けていく営みです。数や式，図表などを用いて説明する力は，まさに数学科で育てるべき言語能力。この場合，言語活動ができることが学習の目的になります。

□ 2つの「読むこと」

　言語活動では，読むことも大切です。問題文の日常語から数量の関係などを，数や式，図表などの数学語から意味を，読み取ることです。次を読み，説明を試みてください。

> 問題
> 　子供たちが好きな仕事にチャレンジし，楽しみながら社会の仕組みを学べるというテーマパーク「ピッラニア」が人気です。
> 　中2のまさおさんは，自分の家族と同級生のひろしさんとその家族と一緒に，「ピッラニア」へ行きました。入場料金は15歳以下と16歳以上とで異なり，まさおさんの家族は6人で合計20250円，ひろしさんの家族は3人で合計8700円かかったそうです。まさおさんは，各家庭の人数のわりに2つの家族で大きく異なることから，15歳以下と16歳以上とで1人あたりの料金がどれだけ違うのかを知りたくなりました。
> (1) まさおさんが一緒に行った家族は，妹，弟，父親，母親，叔母（おば）です。まさおさんは1人あたりの15歳以下の料金を a 円として，式 $3a+3(a+b)=20250$ を立てました。この二元一次方程式は正しいでしょうか。その理由も説明してください。
> (2) 一緒に行ったひろしさんの家族は，母親と叔父（おじ）です。以上のことから，15歳以下と16歳以上とでは，1人あたりどちらがいくら高いかを，まさおさんに説明してください。

　「解が負の数⁉」「計算ミスじゃない⁉」「どういう意味？」授業で生徒にこう問いかけてみるのはどうでしょう。

7 言語活動の「したくなる」化

□ 話合いを双方向にするために

授業では，生徒が黒板の前で発表したり，隣や班の人などに説明したりする場面は，生徒同士が双方向で話し合う貴重な機会です。その場面で，話し手はどこを見ているか，聴き手はどんな表情で何をしているか，などを観察していますか。その様子が効果を示すバロメーターになります。

発表する子が「先生がやれと言っているから仕方なく説明している」という"やらされモード"にならないために，言語活動を始める前には，その目的・意義，対象，手順・留意点を生徒に伝えておくことが大切です。

まず，何のために発表や話合いをするのか。生徒一人では困りそうな場面や他の人の考えを聴きたくなる場面に話合いを取り入れ，多くの子が「これをやれば成長できそうだな」と期待感とわくわく感をもてると，よいスタートを切れます。答えや考えが他の人と照らしてもし同じなら安心ですし，同じでなくても吸収する点は多くあります。わかりきって見える得意な子が苦手な子に対してあの手この手で説明する場面は，賛否が分かれますが，私は話し手・聴き手双方にとって教育的価値があると思います。

次に，何を説明すればよいのか。説明の目的によって
「どんなことがいえるかな」
「何をどう使ったかな」
「なぜそうなるのかな」
と発問，板書します。説明する対象が事柄・事実なのか，
方法・手順なのか，理由なのか，が意識付けできます。

さらに，どのように説明するのか。説明の質に関わり，
「～ならば～であるの形で」
「なぜその補助線を引いたのかを」
「用語○○を使って」
などと伝えます。予め，説明の質の違いが何かについて，
目標に照らして明らかにしておくことが必要です。

□ ちょっとした助言が 話合いの質を変える

黒板の前での発表では，始める直前に一言，
「国語のときみたいに，表情を覗いながら話してごらん」
と付け加えると，他者意識が高まり，聴き手にやさしい説
明になります。国語科の先生との情報交換や解説国語編の
「系統表」が役立ちます。また，班での発表では
「話し手は相手の向きにノートを置いて指差しながら」
「聴き手は質問することを探しながら」
などと添えると，聴き手は視覚と聴覚の両方から情報を得
られ，考えをめぐらせながら聴けるようになります。

8 苦手な子の意欲が持続するように

□ つまずきや間違いを大切にする教室文化

　数学は，正答と誤答がはっきりしやすい教科です。だから こそ，苦手意識が生まれやすく，大人でも「数学が苦手 だった」「数学が嫌いだった」という人が多くいます。数 学の授業では「間違ってはいけない」という恐怖が先行し てしまうと，試行錯誤せずに「誰か正解を教えて…」とい うように，答えだけを欲しがる生徒を育ててしまいます。 そうではなく，つまずきや間違いこそ成長へのチャンスで ある，という教室文化をつくっていくことが，苦手な子の 意欲を喚起し，持続させる上で大切です。

　つまずきや間違いを含むある考えや表現が「たたき台」 となって，そのよしあしを味わい，よりよく改善していく ような授業展開では，その「たたき台」となった考えや表 現を出してくれた子が感謝されます。「間違ってあたりま え」「失敗が成功を生む（ので失敗など存在しない）」とい った考えを先生自身が生徒に伝え，授業では，人権に配慮 しつつ，悩んでいる子の考えを取り上げ，それをみんなで よりよくして，説明を考える展開を目指していきましょう。

□ 個別に支える

　苦手な子には，個人思考をしているときの机間指導や，生徒が離席して他者と話し合う場面も錠となります。

　机間指導では，すべての生徒を短時間で見て，必要な助言を「問いかけ」の形ですることが，自分で解く力をつける上で大切です。とはいえ，特定の子にかける時間が足りないときは，それ以前に取り上げた問題との共通点や相違点に気づかせて，そこから類推して解くように指示するなど，部分的に解き方を示すことも必要でしょう。

　また，生徒の離席を認め，他者と自由に話し合う機会を設けると，得意な子が苦手な子に教えに来てくれることも多くあります。解き方がわからずに気持ちが萎えかけたときに，友達が助けに来てくれると，やる気が再び戻ることもあるでしょう。教師よりも，友達に質問する方がしやすい子はたくさんいます。ただ，得意な子が，「こういうときはこうすればいいの」などと，強引に解き方を押しつけてしまうケースも散見されます。得意な子が，苦手な子の声に耳を傾けているか，苦手な子の理解状況に寄り添って対話しているかなどを授業者が観察し，対話を方向づけたり，助言に入ったりすることも状況に応じてです。

　数学が苦手な生徒の多くは，劣等感を抱いていて，「自分もみんなと同じように数学ができるようになりたい」と思っています。あの手この手で支えていく必要があります。

9 進んだ子を一層伸ばす

□ 協働学習の中でじっくり伸ばす

あなたの授業，特に協働学習では，問題を早く解き終えた進んだ生徒は，何をしていますか。ずっと黙って，他の子が解き終わるのを待つ？　授業とは関係ないおしゃべりを始める？　読書をする？　否，数学の授業では，生徒一人ひとりが存分に数学の力を伸ばしてほしいものです。

中には，副教材を解くことを認める先生もいそうですが，副教材を進めるよりも，自分や周りの子が豊かに学ぶことのできる方法を優先してはどうでしょうか。答えを出せても説明できない子もいるので，例えば，別解や説明をノートに書くように指示するのです。

また，せっかくみんなで協働的に学んでいるので，多様な考えが出ることを期待して，問題の条件を変えたり緩めたりした発展的な問題，領域横断する問題などを教師から進んだ子向けに出すのもよいでしょう。生徒が条件を変えて問題をつくるように指示すると，新たな発見を楽しむことができるかもしれません。生徒がつくった問題を，進んだ生徒向けに全体で取り上げるのもよいですね。

あるいは，新たな問題を考えるのではなく，自席を離れ

て，問題を解くのに苦労している子を支援してもらうのも，進んだ生徒にとってもよき学びとなるはずです。なぜなら，つまずいている子や思考がゆっくりの子がどこまでうまくいっていてどこでうまくいっていないのかを推し量りながら意思疎通をとり目的を果たすことは，異なる他者とのコミュニケーションを学ぶことにもなるからです。このような教室文化は，「数学はみんなで助け合って学ぶもの」という教師の数学授業観に基づいた声掛けや表情などによって少しずつ醸成され，根付いていくものだと思います。

□ 個別学習でぐんぐん伸ばす

とはいえ，進んだ子の中には「もっと難しい問題を解きたい」「早く進みたい」と強く願う生徒もいるでしょう。前述のとおり，協働学習において，少し立ち止まって周囲の子たちと深く豊かに学ぶことも力を伸ばす方法の1つですが，個別学習において，"全速力で走り切る"時間も，成長に向けた重要な「指導の個別化」による学習機会と言えます。特に，煩雑な技能を要する問題や多段階の思考を要する問題などを準備するとよいでしょう。端末で取り組むドリル，教師の自作あるいは教科書会社などが作成したPDF教材，副教材などもよいでしょう。解説動画などの便利なコンテンツがあるサイトもあるので，よいものが見つかれば，お仲間同士で紹介し合いましょう。

10 結果よりプロセスを褒める

□ 成長的マインドセット

あなたは，人間の能力は努力しても変わらないと考えるタイプ，人間の能力は努力次第で伸ばすことができると考えるタイプのどちらでしょうか。前者は固定的マインドセット（fixed mindset）を備えた人，後者は成長的マインドセット（growth mindset）を備えた人です（ドゥエック（2016），奈須（2017））。物事がうまくいかないとき，前者の人は諦めて，うまくいくとわかっていることばかりを繰り返し，後者の人は粘り強い頑張りを見せます。

次の授業感想を書いた生徒はどちらといえるでしょう。

> 今日は正負の数の乗法を学習しました。
> 負の数×負の数を考えるとき，課，に考え方をしていましたが，周りの子と意見を共有
> する際，自分の間違いに気づくことができました。
> 私は，間違えることが悪いと思いません。なぜなら，間違えたからこそ「次はココを
> 気を付けて解いてみよう。」などと考えることができると思うからです。
> これからは，今日の間違いをムダにせず，ちゃんとした考え方で問題を解いていきたい
> と思います。

この生徒は，間違いに気づけたことを肯定的に捉え，成長的マインドセットが備わっていると読み取れます。このようにしなやかな生徒は，数学的に考えたことを表現して，評価・改善するような言語活動の授業の価値をよく理解して，失敗を恐れず活発に活動することができます。

□ プロセスを褒める

　マインドセットは，それまでの経験に基づいて形成され
ますが，自分の意志で選び取ることができます（ドゥエッ
ク，2016）。そして奈須（2017）はその育成について，「気
をつけたいのは，成功時にその子の良さを認め励ます意図
で「頭がいいね」「優秀だね」と能力に焦点を当てた褒め
方をすることが，固定的マインドセットへの引き金になり
かねない」「がんばりに応じて臨む結果が得られたという
経験や，他人との比較ではなく，以前の自分と比べて伸び
た部分が評価される経験，成功に対してはそれをもたらし
た努力に焦点を当てて称賛することなどが，成長的マイン
ドセットを活性化します」（p.78）と述べています。

　数学のテストで高得点を取った子には，他人よりも高い
点だったことではなく，本人の目標を達成したことを褒め
るべきです。テストに向けて頑張ってきたことを尋ね，そ
の努力が奏功したことを褒めるのです。授業では，前向き
な取組を褒め，成長につながった友の言葉など，プロセス
に目を向けて肯定できる機会を設定することが大切です。

【参考文献】
・キャロル・S・ドゥエック（2016）『マインドセット「やればでき
　る！」の研究』（草思社）
・奈須正裕（2017）『「資質・能力」と学びのメカニズム』（東洋館出
　版社）

11 成長を実感できる機会

□ 協働学習，個別学習で成長を実感する

　成長的マインドセットが備わってくると，自己を見つめ，よりよい自分を目指して目標や計画を設定し，実行してまた振り返って，目標や計画を調整して実行する，といった学習の調整が，個人でも他者との協働でもできるようになっていきます。「学びに向かう力，人間性等」が涵養されていくということです。

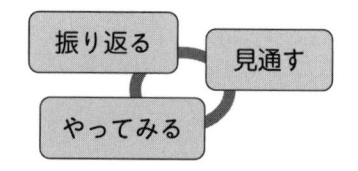

　「思考力，判断力，表現力等」を育成するには，言語活動を通した学習が重要ですが，まずは考えたことを書いてみること。そして，例えばペアでその記述を基に話したり記述を読んでもらったりして，よりよくなるように助言をもらうことです。両者にとって，数学的な根拠に基づいて表現・解釈する機会になります。それにより，自身の成長を実感することができます。例えば，次頁の図は，p.70の生徒の授業感想に至る前のノートです。算数で用いた2本の数直線を用いて，統合的・発展的に考察した過程で，自分の考えは㉜，友達の考えは㊊として記述されています。

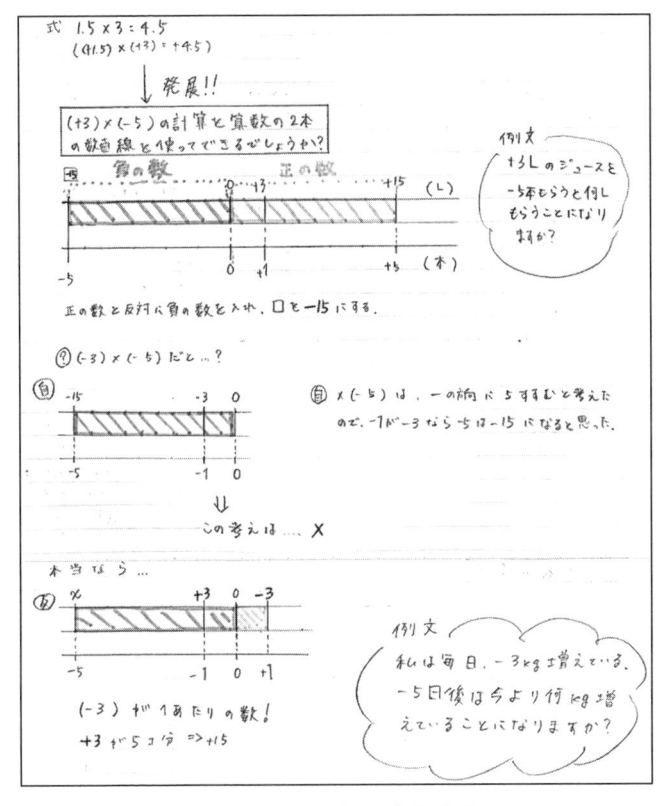

とても謙虚に学べていることが窺えます。

　また，「知識及び技能」に関しては，授業の最後の振り返りを，言葉ではなく適用題で行うことも有効です。宿題では，副教材の取り組み方を複数例示し，問題への自信等によって学習の仕方を変えて取り組むことで，目的意識が高まります。また，その結果を振り返ることで，成長が実感しやすくなります（本書 p.170参照）。こうすれば成長できるという頑張り方を学ぶことにもつながります。

□ 自己決定の場面をつくる

協働学習での成果を生かしながら，生徒が自信の進度や関心などに応じて課題や問題を自己決定して取り組む個別学習を設けることが，成長の実感に役立ちます。

例えば「知識及び技能」の定着を目指して，教師が準備した質の違う課題（紙，オンライン）の中から，生徒が自分に必要なものを選択する機会を設けます。「私はちょっと自信があるから，この複雑なコースをやってみよう」「僕は基礎を固めたいから基本のコースで満点を獲りたいな」といった感じです。このような「指導の個別化」では，一人の子の成長に，他人の結果との比較は意味がありません。個人内評価を大切にしながら，支援しましょう。

また，「思考力，判断力，表現力等」の伸長を目指して，協働学習で扱った問題の条件を一部変えて新たな問題をつくる機会を設けることも，成長の実感に向けて有効です。簡易なレポートと組み合わせることも可能です。「ここを変えたら結果がこうなりそう」と仮説を立てながらつくると，生徒の個性が光る「学習の個性化」の機会になります。

生徒自身でやり遂げることができれば，数学的な見方・考え方のよさの実感や大きな成就感が得られます。机間指導ではそれが叶わなさそうな生徒を探し，必要な助言や発問をして，その生徒の意欲が持続するように支援します。早めの自己「再」決定が奏功する場合もあります。

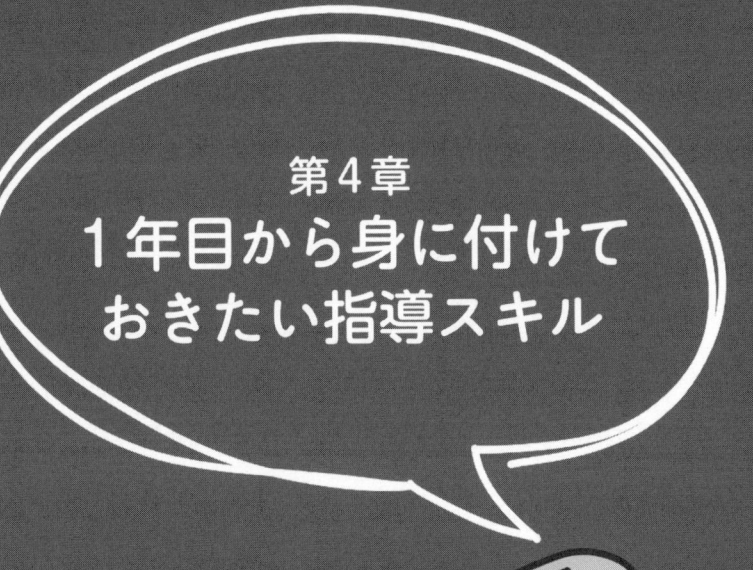

第4章
1年目から身に付けて
おきたい指導スキル

1 授業の目標を見定める

□ 学習指導要領とその解説で
資質・能力を確認する

　新しい単元に入り，具体的な授業を構想する際，まず教科書のページを確認することでしょう。ただ，教科書のページは多くあり，「どんな問題を解くのか」に目がいってしまいがちです。授業構想では，第一に「何ができるようになるのか」が大切なので，学習指導要領とその解説を改めて読み返し，資質・能力を再確認しましょう。資質・能力をシンプルに捉えられ，なぜその単元を学ぶのかという「単元の問い」を含め，指導内容の本質を掴む助けになります。

　教科書と学習指導要領の対応について，不思議に思えることがいくつかあります。例えば，教科書の本文には中１「文字式の活用」のページがありますが，学習指導要領にはこれに該当する思考力，判断力，表現力等が設定されていません。その後の一次方程式の学習で文字式の活用の場が存分にあるからです。中１か中２で扱われる「平行線と面積」に関する資質・能力は学習指導要領にはありませんが，三平方の定理の証明のために教科書にあると推測されます。教科書には証明する問がある中２「文字式の説明」，

中3「円周角の定理の証明」「三平方の定理の証明」は，発達段階などを考慮し，学習指導要領では「説明（証明）できることを理解する（知る）こと」にとどまっています。よって，ここで説明・証明ができるかどうかについては必ずしも観点別評価の対象にしなくても構わないことになります。学習指導要領は最低基準なので，生徒の実態に応じて多少の上の指導をすることは問題ありません。証明は，考察することを通して理解することが大切です。

　教科書は主要な教材ですが，教科書自体を教えるわけではありません。まずはどんな資質・能力を育てるのか，どの順序で扱えばよさそうかを主体的に検討しましょう。

□ 設定した目標を，教材や解決過程から改善する

　例えば，学習指導要領の「三平方の定理を具体的な場面で活用すること」に関わって，「三平方の定理を具体的な場面で活用することができる」という目標を一旦設定したとします。教材に，「ロープウェイの長さ」，「富士山が見える最大距離」を扱うとすると，これらは現実の世界の事象を扱うため，数学化するには対象を理想化・単純化する必要があります。また，単元末なので，数学的な根拠を基に説明することも生徒に求めたくなります。このように，教材と活動の視点から，目標を「対象を理想化・単純化して三平方の定理を活用し，未知の長さを求め，その過程を説明することができる」に再考することができます。

2 指示・発問は視覚と聴覚の両方から

□ 指示・発問は口頭と板書で伝える

　私は，耳からの情報はすぐに流れてしまうタイプです。幼い頃，集会での校長先生のお話が苦手でした。生徒たちに何か指示をするときにも，聴覚情報だけだと流れて消えてしまう視覚優位のタイプの子が一定数いるかもしれません。同様に，聴覚優位のタイプの子もいるかもしれません。何をするか見通しが立たないとパニックになるタイプの生徒も想定されます。

　数学に限ったことではありませんが，学校生活の中で，生徒が活動・作業などをするとき，いつ（When），どこで（Where），誰が（Who），何を（What），なぜ（Why），どのように（How）するのかといった5W1Hについての情報を，できるだけ板書し，口頭でも言って伝えることが大切です。私は，文章ではなく箇条書きにするようにして，番号を振る，留意点を同じ色で書く，など，一目見て情報が入りやすいように配慮していました。特に，いつもの授業とは異なる展開で進める場合，このような配慮があるのとないのとでは，少なくとも1〜2割の生徒の動きに違いが大きく出てきます。

□ 授業での主たる問い

　単元には，その単元固有の本質的な問いがあります。単元の問いに答えるためには，小単元の問いがあり，小単元の問いに答えるためには，授業の問いがあります。問いはこのような入れ子状になっています。さらに1つの授業をみてみると，授業でも大きな問いの中に小さな問いがいくつも含まれるものです。それは，1つの問いを複数の問いに分解したものや，順々に生まれてくるものもあります。

　50分間の授業，特に協働的に学ぶ場面では，いま何について考えているのかを板書に位置付けておくことが大切です。なぜなら，数学が苦手な生徒を含め，問題を解決するときには，何度も板書を見返しながら情報を検索し，選択したり組み合わせたりしながら，見通しと振り返りを繰り返し，今すべきことを把握しながら取り組むからです。

　下の図の板書には問いが書かれてあります。どんなときでも成り立つわけではないので，この後は「どんなときに成り立つか」「それはなぜか」という問いが続きます。

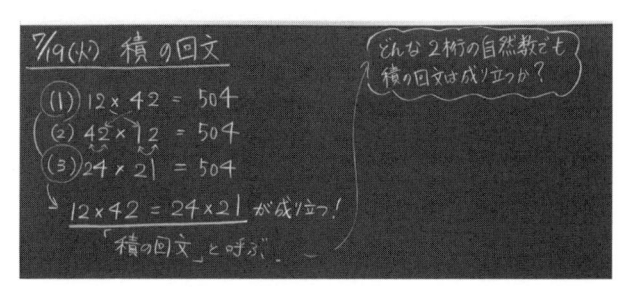

3 板書は
計画と即興でつくる

□ 計画を基に，生徒と
ライブ感のある板書をつくる

　授業が始まったら，指導案や板書計画は一旦忘れて，生徒とのやりとりに専念するようにします。板書計画をそのまま授業で再現する授業はよい授業ではありません。生徒の反応が鈍いときにはどこかを端折る必要が出ますし，生徒にとって板書して示す必要のある情報が変更することも多くあります。下の授業で「グラフが反っているから『反』比例だ」との意見には驚かされました（笑）。

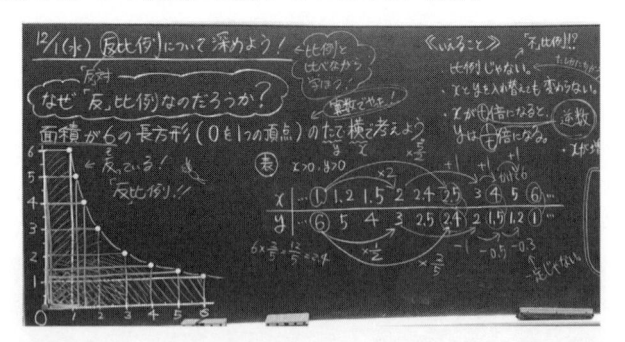

　板書とノートの形式が似ている方が学びやすいと感じる生徒は一定数います。したがって，本書p.84のノートのア〜ウを私は意識して板書していました。

　他の先生の板書も大いに参考になります。例えば，

Facebook のコミュニティー「板書 book」は，いつでもど
こでもスマホから多くの板書が見られ，質疑もできます。

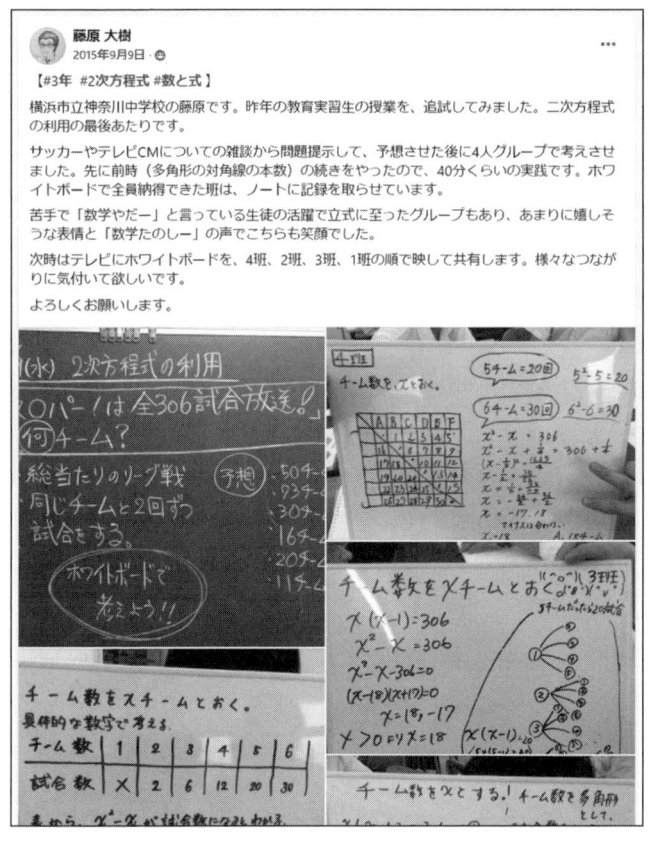

　また，『板書で見る全単元・全時間の授業のすべて　中
学校数学』シリーズ（東洋館出版社），『板書＆展開例でよ
くわかる　数学的活動でつくる365日の全授業　中学校数
学』シリーズ（明治図書）もおすすめです。

4 板書を撮影して活用する

□ 教師の指導改善に活用する

　私が授業直後にすることの1つが，板書の撮影でした。撮影した後に大きな画面で閲覧できるので，撮影にはiPad を使っていました。最近は，板書を毎時間撮影している先生が私の知り合いには多くいます。数学の授業における板書の価値を実感している現れかもしれません。

　板書は教師の背中側にあり，生徒の側から見るものです。生徒からどう見えていたのか，どう変えればもっとわかりやすかったのかなどを振り返ります。お恥ずかしながら，授業後に生徒から誤りを指摘してもらって「授業中に言ってよ〜」と思うことも多々ありましたが（苦笑），自分で「ここをこう表現すれば数学として的確だったな」とか「全体の構成をこう変えた方がバランスがよかったかも」とか「あれをここに書いておけばあの子の考えのよさがもっと伝わっただろうな」とかと反省することができていました。

　授業の進度や反応の記録にもなるので，その後の授業を具体的に構想する上でも，この画像が大変役立ちます。

□ 教師の学習指導や生徒の学習に活用する

　板書には多くの生徒の考えが残ります。そのため，数時間後の授業などで，過去の板書をすぐに再現して見せ，時間の隔たりを超えて考えや表現を複数の授業間で結び付けることもできます。

　例えば，方程式を活用して具体的な問題を解決するときの手順は，学年を通じて大きくは変わりません。したがって，中2の「連立方程式の利用」の学習で，「昨年度，一次方程式の利用で，どんな手順で問題を解決したか覚えているかな」と問いかけ，中1の「一次方程式の利用」の板書を電子黒板に映し出して，「最初は何を文字で表すか考えたな」「解が問題の答えになるか確かめるんだったな」などと当時の記憶を蘇らせ，直後に生かすことができます。

　他のクラスで「〇〇さんがこんな考えを出したんだよ」「〇〇さん，すごい！」などと，空間の隔たりを超えてよい考えを紹介することも容易にできます。

　私は，欠席や出席停止で学校を休んだ生徒が，元気になってから授業内容を家庭などで確認できるように，クラウド上に毎時間の授業の板書をアップしておくようにしていました。すると，印刷してノートに貼っていた生徒がいました。また，学校を休んでなくても，授業後やテスト前の復習として，自クラスや他クラスの板書を見てノートに書き加えるなど，活用する生徒も一定数いたようです。

5 力のつくノート指導と ノート活用

□ ノートの役割を最大限に生かす

　ノートは，自分で解けるかなどを自由に試すことができる，記録して必要なときに検索して学習の成果を思い出すことができる，などの機能があり，時代を超えて数学の学習に不可欠なツールであるといえます。

　私は，生徒が考えたことを広さに関係なく書きやすいように，Ａ４判ノート（できればドット付き罫線）を勧めていました。使い方について，次の点を示していました。

ア．後で検索しやすいように日にち，テーマを書く。

イ．自分の考えは，途中までででも，誤っていてもよいので，必ず書く。誤っていても消さないようにして，どこをどう直せばよかったのかを残しておく。

ウ．思いつかなかった他の人の考えは書いて吸収する。

　次頁の図は，本書 p.41 の板書計画の授業のノートです。「快さんの希望パターン」と「菜々さんの希望パターン」という２つの条件について，x と y の関係を二元一次方程式と表に整理して，共通の x, y の値（連立方程式の解）を問題の答えとしている過程がよく整理されています。

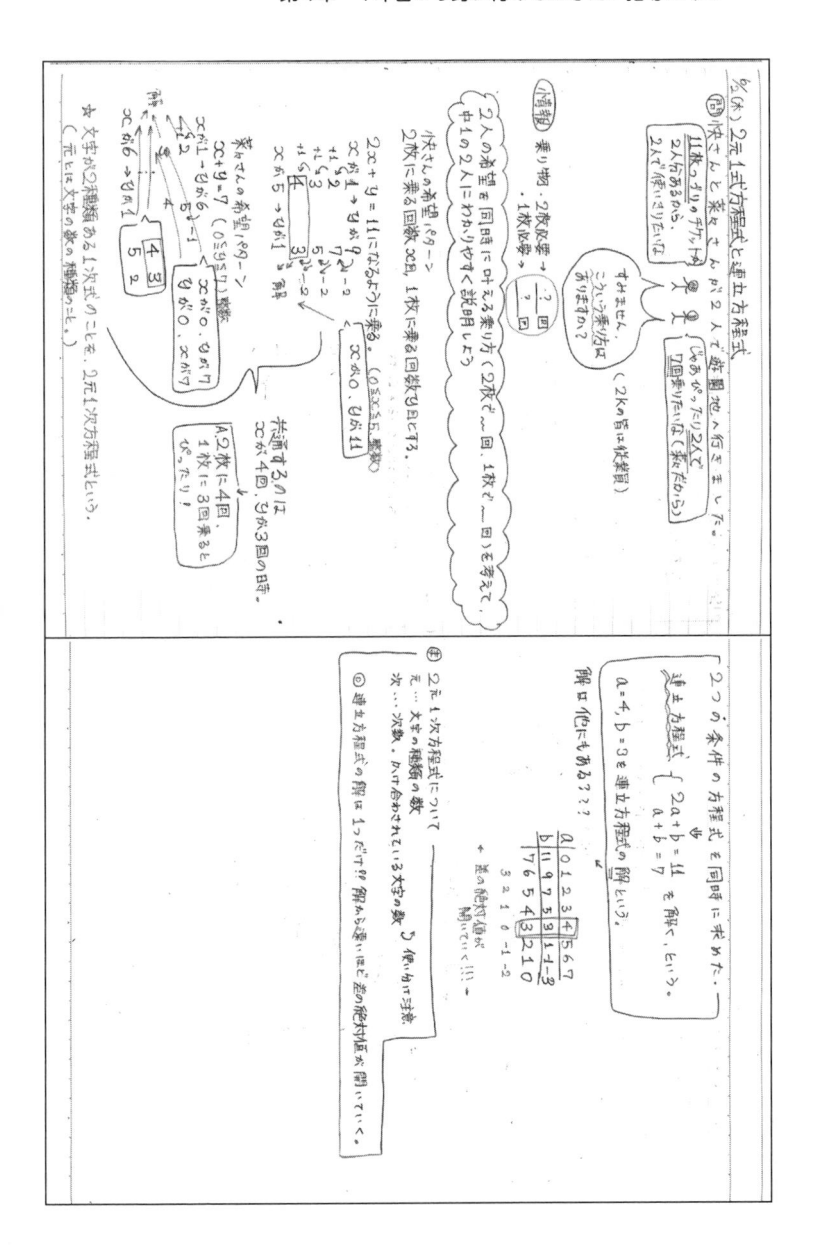

ノートに書く形式は，小学校での経験を基にするように伝えていました。隣同士でノートを交換して読み合う機会を設けたり，工夫している生徒のノートを複写して展示したりして（下図），学習効果の上がりそうなノートの活用方法に生徒の関心が向けられるようにしていました。

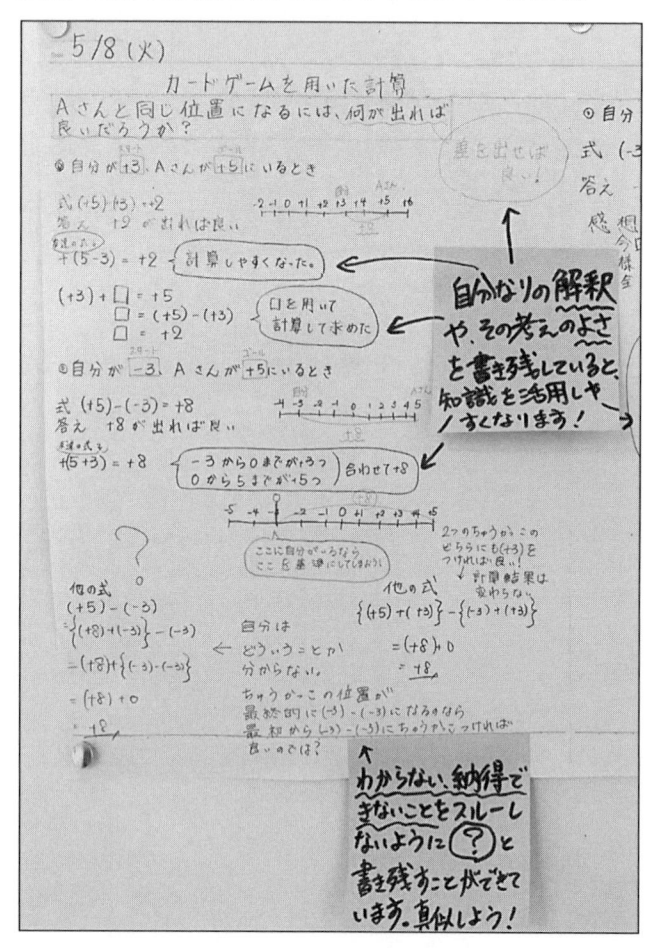

□ 表現する機会，表現し直す機会，
　読み返す機会

　生徒の思考力，判断力，表現力等を伸ばすには，日々の授業で「考える」「表現する」「解釈する」，更には「表現し直す（改善する）」という機会を設けることが大切です。その機会で活躍する中心的なツールがノートです。

　特に，自らが書いた表現を他者と読み合って評価し，よりよく改善するにはどうすればよいかを考える機会がないと，表現力を高めることはできません。近年実践が増えてきている自由進度学習では特に，このような機会が自然発生的にではなく，意図的・計画的に保障されているか注意が必要です。全国学力・学習状況調査の「指導アイデア例」をアレンジするなどして，事柄・事実，方法・手順，理由の各説明を授業で積極的に扱い，表現力をつけましょう。

　ノートは，適時的な閲覧性の高さが抜群に優れています。この特長を生かし，あるページに「書いて終わり」ではなく，何度も「読み直す」ことで学習効果を向上できます。

　例えば，授業中によい考えが出れば，その源にあたる授業の内容や考えを，過去のノートから全員で探すのです。過去の記録が今の学習に生きると理解した生徒は，今の記録が未来の学習に生きると信じ，記録をしっかり残すようになります。また，授業後には家庭で５分でもよいのでノートを見て復習し，下線を引いたり振り返りを書いたりすると，要点が整理でき，記憶に残りやすくなります。

6 走るグループ活動への仕掛け

□ 生徒一人ひとりの自立のための
グループ活動

　中学校学習指導要領解説数学編 p.60（平成20年告示版は p.55）に，次のような一節があります。

> 「教育及び学習指導が，願いや目的を実現するための意図的，計画的な営みであることに配慮すれば，教師の関わりは必要であり，生徒の自立への誘いである。したがって，教師の関わりは，時に積極的であり，次第にあるいは状況に応じて個別的，間接的になり，最終的には生徒自身が自力でする営みの機会を設けることが必要である。」

　これは，自立に向けた学習指導の過程について，学習指導要領の平成20年改訂時に主査であった故・清水静海先生（当時筑波大学）の文章であると伺ったことがあります。

　グループ活動を通して協働的に問題解決する力そのものも重要です。しかし，そもそも数学科の授業は数学的に考える資質・能力を生徒個人に育成する場であると考えると，生徒同士の対話や教師の関わりは，あくまで自立に向けたの1つの手段です。目標を達成するためのグループ活動を「自立を意識した協働」と捉えていくべきです。

□ 見通しをもって取り組むための指示

　グループ活動は，多様な個が対話することで，多様な考えに触れられるなど，一人で学ぶよりも効果があると見込まれるときに採用します。グループ活動は一斉学習よりも双方向の言語活動がしやすいというよさを生徒が理解できていると，活動スタートが円滑です（本書 p.64参照）。

　グループ活動の質を高める教師の仕掛けとしては，目的・意義（なぜ），対象（何を），手順・留意点（どのように）を予め説明することが必要です。その前に個人思考を入れると，話したい／聴きたい内容が絞れ，目的意識が向上します。例えば，中1の反比例の学習で，比例定数を負の数にしても「xが増えるとyは減る（原点付近を除く）」などの特徴が比例と同様にいえるのかを，表から統合的・発展的に調べる授業があります。私はここでグループ活動を取り入れました。生徒には，まずは15分間かけて個人の活動として，比例定数の負の数を自分で決めて表をかき，特徴を調べて書くことと，その後にグループでの結果報告会を15分間して，各自の結果を比較して考察することを指示しました。報告会の開始時には，双方向のやり取りを促すため，ノートを対角の人に向けて置き，指差しながら説明する方法を徹底しました。

7 グループ活動を生かした学び深め

□ グループ活動での机間指導

グループ活動では教師によるファシリテート（詳細は藤原（2015）を

4 司会	1
3	2 計時

参照）が大変重要です。1人ずつ発表するグループ活動では，事前に司会役や計時役，話す順序を座席等で決めておくと円滑に進みます。

一方，最初からグループで協働的に解決する活動も考えられます。実験や実測を要する活動や難易度の高い活動が適しています。その机間指導は，個人思考時に比べてとても難しいので，私は段階的に分けて行っていました。

まずは「問題や活動を誤解していないか」「対話しているか」について見て回ります。対話せず，硬い雰囲気があるときは，なぜ硬いのかの見取りにまずは専念し，教師が介入して話合いのきっかけづくりに努めます。

各班で考えができ始めたら，次は「全員の生徒が参加しているか」について見て回ります。関わりが薄く，理解できていなさそうな生徒がいれば，「みんな，△△の部分はわかった？　○○さんはどう？」「□□さん，もう一度○○さんに説明してあげて」など，全員が納得を目指します。

活動の中盤から終盤にかけては，その活動後の授業展開に向けて，「各グループでどんな考えか」「各グループ間で考えにどんな関連があるか」について見て回りました。

□ グループの考えをクラス全体で共有する

　各グループでは，確実によい考えに至っているかはわかりませんし，グループごとの考えを関連付けることで新たな数学的な洞察が得られることも多くあります。そこで，グループ任せにせず，全体で考えを共有します。

　その方法としては，黒板や電子黒板で見る方式，個人の端末から閲覧する方式や，ホワイトボード等で他グループに対して発表する方式などがあります。複数の考えの関連付けに重きを置くなら総覧性に富む黒板，各班の考えにコメント・投票等をするなら各自のペースで閲覧できる端末が適しています。黒板では，各班の座席の場所で区切って考えを書くと，どの班がどの考えをしているのかを教師も生徒も把握しやすいです。

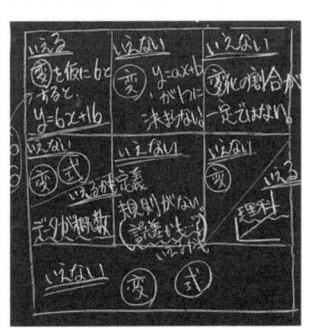

【参考文献】
・藤原大樹「これからの教師に求められる能力～アクティブ・ラーニングを支えるファシリテーション」（髙木展郎編（2016）『「これからの時代に求められる資質・能力の育成」とは』（東洋館出版社））

8 生徒の指名の仕方と多様な考えの扱い方

□ 3つの指名の仕方

　教師の指名に生徒が答えてもらう大前提は，助け合いの精神です。授業を全員がわかる時間にするために，疑問や考えをぜひみんなに伝えてほしい，と伝えておきます。

ア．意図的指名

　本時の目標の達成，思考や理解の深まりのために必要です。反応予想や後掲の分類に基づき，机間指導での観察から行います。発問直後の表情から「発言したそうだ」と察して行うこともあります。挙手しないタイプの生徒の考えのよさを取り上げることもできます。

イ．非意図的指名

　座席順の指名も含みます。生徒に公平な方法で，一問一答的にテンポよく授業を進められます。「答えられなくてもよい」「間違ってもよい」「パスあり」など，軽いスタンスで行えば，生徒は答えやすくなります。ただし，「目が合ったから」や日にち・くじでの指名は，生徒に否定的な感情を生みかねないので，私は避けていました。

ウ．挙手指名

　意図的指名と同様，机間指導で得た情報をもとに指名す

ると，目標の達成に近づきやすいです。特定の数名が正解を言って終わり，という授業にしないように，例えば途中まで発表してもらって，途中からの説明を各自で考え，ペアで伝え合う，別の子が発表する，などの方法も考えられます。一方で，教師の発問に対して，「誰でも答えられそうな解答」は手を挙げない傾向が中学生以降はあります。無意図指名がお勧めです。

□　多様な考えの扱い方

上越教育大学名誉教授の古藤怜先生は，算数授業における児童の多様な考えを，次のⅠ～Ⅳに分類しました。

Ⅰ．独立的な多様性：多様な考えが，数学的なアイデアとして妥当であり，かつそれぞれが互いに独立したアイデアである場合。話し合いでは，それぞれの数学的なアイデアのよさや着眼点のよさをわかり合わせることが大切であり，妥当性の検討に重点がおかれる。

Ⅱ．序列化可能な多様性：多様な考えが，数学的にみていちばんよい考え，次によい考え…というように，それぞれのアイデアを効率性という見地から序列化することができる場合。話し合いでは，それぞれのアイデアの長所や短所について比較検討させることが大切であり，有効性の検討に重点がおかれる。

Ⅲ．統合化可能な多様性：多様な考えが，方法や結果に着目して1つにまとめられることができる場合。1つ1つ

の考えを理解し合った後，分類したり，共通性を見い出したり，または新しい観点を導入したりするなど，有効性・関連性の検討に重点がおかれる。

Ⅳ. 構造化可能な多様性：多様な考えが，ある観点からいくつかのグループにまとめることができ，さらにそれぞれのグループの間に関連性が認められ，全体として1つの体系にまとめられる場合。共通の発見や新しい観点を導入することによって，グループ分けしたり，相互の関連を明らかにしたりするなどの関連性の検討に重点がおかれる。

これらは中学校数学でも同様です。例えば，簡単な確率を求める問題で，起こり得るすべての場合を数え上げるために，算数での学習を踏まえて，

①すべて書き出す　　②表に整理する

③樹形図に整理する　　④正多角形に整理する

などの考えが考えられます。これらは，①とそれ以外などで「Ⅱ. 序列化可能な多様性」とみることができますし，①〜④を互いに関連付けて「Ⅲ. 統合化可能な多様性」とみることもできます。教材研究の視点としても重要です。

現実的には，序列や統合を理解することが目の前の生徒には難しく，その理解を踏まえた発展性がその後想定されない場合や，統合等を扱う時間があまりに短い場合などには，①〜④を「Ⅰ. 独立的な多様性」とみなして授業であえて浅く扱うことも妥当な判断でしょう。単元のどのタイミングで何をどのようなことを学習の深まりとしたいかな

どによって，教師が判断することが大切です。

　また古藤先生は，練り上げ（話し合い）の場面を，妥当性，有効性，選択の3ステップで基本的に展開することを提唱しました。

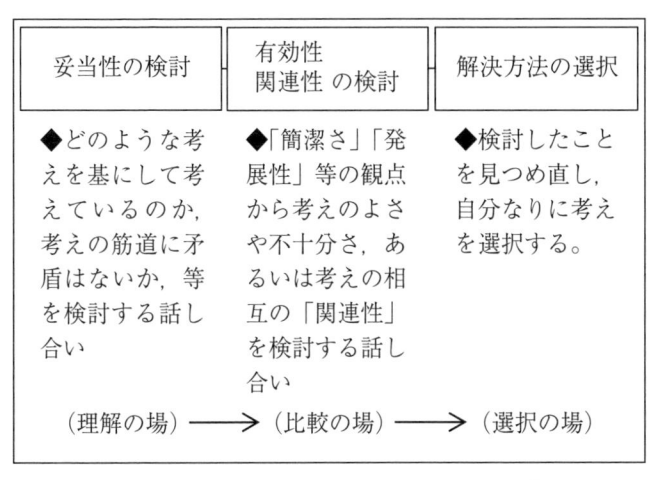

妥当性の検討	有効性 関連性 の検討	解決方法の選択
◆どのような考えを基にして考えているのか，考えの筋道に矛盾はないか，等を検討する話し合い	◆「簡潔さ」「発展性」等の観点から考えのよさや不十分さ，あるいは考えの相互の「関連性」を検討する話し合い	◆検討したことを見つめ直し，自分なりに考えを選択する。
（理解の場） ⟶	（比較の場） ⟶	（選択の場）

　近年，生徒の端末上や教室前方の電子黒板で多様な生徒の考えや表現を取り上げることが多くあります。その際にも，上記の分類や基本ステップは大いに生かしたいものです。解答を「見せた」「見える環境にした」だけでは学びは深まりません。また「選択の場」は本時の適応題のみならず，その後の授業でも起こります。本時の多様な考えをノートやクラウド上に残し，検索可能としておくことも大切な視点です。

【参考・引用文献】

・古藤怜・新潟算数教育研究会（1990）『算数科多様な考えの生かし方まとめ方』（東洋館出版社）

9 木を見て森も見る机間指導

□ 個々の木を見つつ，森にも目を配る

　机間指導では，授業で扱う問題に一人ひとりがどのように取り組んでいるかを観察して評価し，成長のために必要な手立てを講じていきます。一方で，一人ひとりの個々の状況ばかりを目で追っていては，歩いている場所から遠い座席にいて早く解き終わった生徒がもて遊んでしまうかもしれません。「木を見て森を見ず」の机間指導です。

　それを防ぐために，教卓の近くに居すわり，生徒たちが解き終わるのを，あたかも監視しているかのように待つのはどうでしょうか。これは「森を見て木を見ず」という状況で，困っている生徒を放ったらかしにしてしまう状況です。

　そこで，一人ひとりの「木」と対話しながら，たまには顔を上げ，教師の視野をちらっと遠くにも広げて，全体的な生徒たちの状況を把握する「木を見て森も見る」机間指導を行うことが個と集団のマネジメントとしては必要です。時計を確認しつつ，次に取り上げる反応を探すことも同時に行うので，机間指導は教師の腕の見せ所です。

□ 森を見るふりをして，気になる木を見る

　数学がとても苦手な生徒がいた場合，気になって，長い時間横についてあげたくなる先生もいるでしょう。その気持ちはとても大切ですが，周囲の目を気にしてしまう生徒は，長時間教師が隣にいることで自尊心に少し傷がつき，やる気を減退してしまうこともあります。特に，TT（ティームティーチング）のＴ２の先生は注意すべきです。

　その場合，最初は自分の力でできるところまでやらせて，困る場面まで待ち，困っていそうなタイミングで声をかけてみたり，小さな発問や助言を投げかけてすぐその場を去ったりして，他の子と同様「たまにしか来ないふり」をすることも教師の１つのテクニックかもしれません。

　その子が解決の方法の見通しが立ったようなら，私は「うん，うん，最後までいけそうだね。その調子でやってごらん。また来るね」などと声を掛けて，できるだけ速やかに去ります。「独りにしないからね」というメッセージを送りつつ，自力で解くことで自信をつけてもらうためです。他の子の状況を見にいく余裕もできます。

　ある苦手な生徒が，学級担任の先生との対話の中で「藤原先生は来てほしいタイミングで来てくれる」と言っていたそうで，嬉しく思いました。机間指導は，全部「教える」過保護なものではなく，生徒の自立に役立つものになるとよいと思います。

10 アプリでの瞬時の共有化を学び深めに生かす

□ 生徒各自から情報を集めることに責任をもつ

　学習支援アプリは，生徒の反応を生かして授業を展開するために，「今日もロイロノートで送ってください」「オクリンクで送ったら授業おしまいにしてね」など，普段使いで気軽に生徒の記述を集めることができて便利です。

　ただ，よりよく使うための留意点もあります。

ア．提出できない子への個別指導は十分にできているか（提出できそうにない子を個別に机間指導しているか？　端末の前での提出待ちはダメ（pp.54〜55））。

イ．生徒が提出した情報は責任もって教師が見て，学級全体や個別の生徒に生かしているか（提出させたものの，生徒の傾向を掴んだり努力を要する生徒を探したりしているか？　無責任な回収はダメ）。

ウ．提出回数の増加は，生徒と教師の負担を増やしていないか（生徒から情報を集めて，処理しきれているか？　集めっ放しはダメ）。

　上記のことを少し意識してみて，学習や指導に生徒の反応の瞬時の共有化を効果的に生かしてください。

□ 共有してからが学習の山場の始まり

　ICT を使うことで生徒の多様な考えが瞬時に共有化できます。生徒の記述を提出してもらって，記名あるいは無記名の設定をしてから電子黒板や各自の端末上でそれらを共有します。そのとき，「何を見てほしいから共有するのか」「何を見てどうしてほしいのか」を先生が説明したり生徒に気づかせたりしていますか。共有は「見せて終わり」ではなく，見せてからが "学び深め" の始まりです。

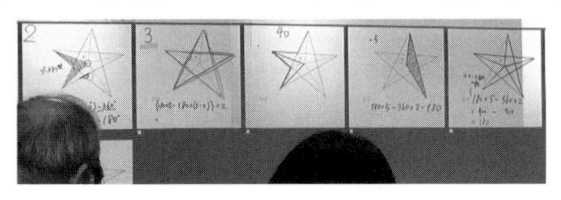

　例えば，上の図は，星形五角形の先端の角の和を，内部の点を使って求める多様な方法を壁一面のホワイトボードに投影して共有したものです。似たものもあれば異なるものもあります。説明を聴いてみたいものはありませんか。

　多くの生徒の考えが授業の土俵に載ることをきっかけにして，生徒同士が説明したり表現を解釈したりする活動を設けましょう。言語活動は，思考力，判断力，表現力等の育成に大いに効果があるはずです。

11 アプリでの試行の繰り返しを
学び深めに生かす

☐ フリーの Web アプリを
生徒が使って活動する

　数学固有のアプリには，図形をかいて動かしたり，関数のグラフをかいて動かしたり，統計グラフを表示したりするフリーのものが多様にあります。私の図形，関数，統計の授業では，Web 上で操作できる動的幾何アプリの GeoGebra と統計アプリの SGRAPA を生徒がよく使っていました。手がきだと時間がかかり煩雑さの伴う作業が一瞬でできます。何度もやり直しが利いて大変便利です。特に SGRAPA は，途中の作業を端末に「プロジェクト保存」できるので，翌日などに活動の続きを再開できます。

☐ 図形を動かして統合的・発展的に考察する

　国立教育政策研究所発行の学習評価の参考資料における第3事例（p.59～）には，動的作図ツールを動かすことで，条件を変えてもほぼ同じ証明で同じ結論が成り立つということを確認する活動が位置付けられています。このように，固定する点と動かす点を決めて，新たな予想を立てたり，頭の中で立てた予想を確かめたりすることができ，証明の

動機付けなどに有効です。

　中2「鳩目返し」の実践を紹介します。まず，画用紙で台形を作り，その対辺同士の中点を結んで切って「鳩目返し」をすると，平行四辺形になることを生徒が見いだし，これを証明する授業を行いました。次に，統合的・発展的に考え，見つけたことや証明したことをロイロノートのカードで提出し，互いにコメントし合う機会を設けました。

　次の図は，ある生徒が，台形を特殊な凹四角形に変えても平行四辺形になるかどうかを演繹的に確かめ，証明の一部（四角形になること以外）を書いたカードです。

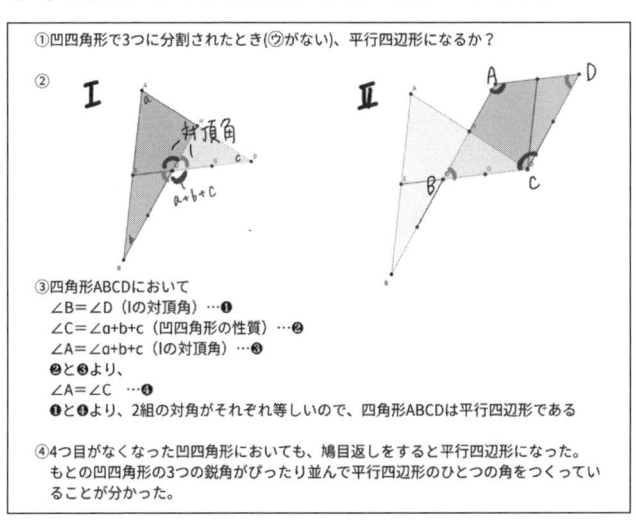

①凹四角形で3つに分割されたとき（⑦がない）、平行四辺形になるか？

②　Ⅰ　Ⅱ

対頂角
a+b+c

③四角形ABCDにおいて
∠B＝∠D（Ⅰの対頂角）…❶
∠C＝∠a+b+c（凹四角形の性質）…❷
∠A＝∠a+b+c（Ⅰの対頂角）…❸
❷と❸より、
∠A＝∠C　…❹
❶と❹より、2組の対角がそれぞれ等しいので、四角形ABCDは平行四辺形である

④4つ目がなくなった凹四角形においても、鳩目返しをすると平行四辺形になった。
もとの凹四角形の3つの鋭角がぴったり並んで平行四辺形のひとつの角をつくっていることが分かった。

　画用紙の切り貼り作業が大変なので，途中から上越教育大学教授の布川和彦先生が作成した GeoGebra のワークシートを紹介しました。アプリを使うと，図が正確なので証明する必要性を感じない生徒が出てくることがあるため要

注意です。したがって，最初の台形の授業ではまず画用紙を使って，GeoGebra は後に登場させ，証明する流れが継続しやすくしました。

□ 既習の関数とみなして未知の値を予測する

2つめの実践です。次の表は，我が藤原家で使っているボディーソープがいつ空になるかを予測するために，私が実際にボトルごとの重さを計測したデータです。9月2日から x 日後の重さを yg としています。x と y の関係を一次関数とみなして未知の値を予測する学習なのですが，表からは，変化の割合が一定なのか，x，y のどの組を用いて直線の式を求めたらよいのか，わかりづらい状況です。

x（日後）	0	3	5	9	12	…
y（g）	252.5	226.0	207.5	173.3	150.3	…

そこで，GeoGebra の座標平面に5つの点を打った自作のワークシートを配り，使用したい子は使うように言いま

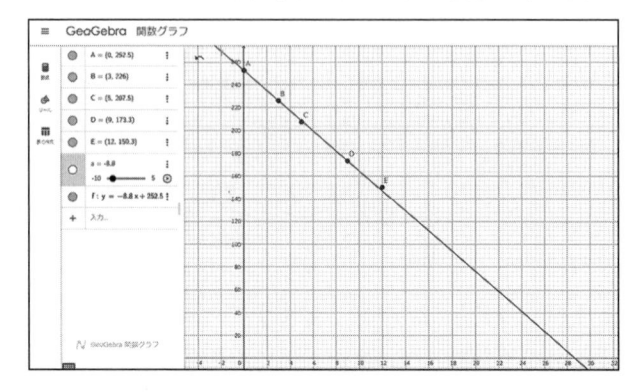

した。生徒は式 $y = ax + b$ と入力して，パラメータ a, b を動かして直線を点に近似させ，式を得ていました。ボトルの重さが70gだと私から伝えると，計算処理に時間がかかる子も一次関数を用いて9月23日前後と予測していました。グラフの方がみなすことを正当化しやすいようです。

☐ 統計的な図表を用いて傾向を分析する

大谷翔平投手の直球の球速低下を報じた既存の新聞記事で，記者は直球の球速データの変化をどんなグラフを使って表したのか，SGRAPA でいろいろな図表で試し，比較してみるという授業です。試合ごとの7つのヒストグラム，7つの度数折れ線をそれぞれ重ねると見づらいので，箱ひげ図のよさが実感できていました。右から2番目の箱ひげ図の試合では，他とは全く異なり，投げた直球の75％が時速150km を割っていることが読み取れます。

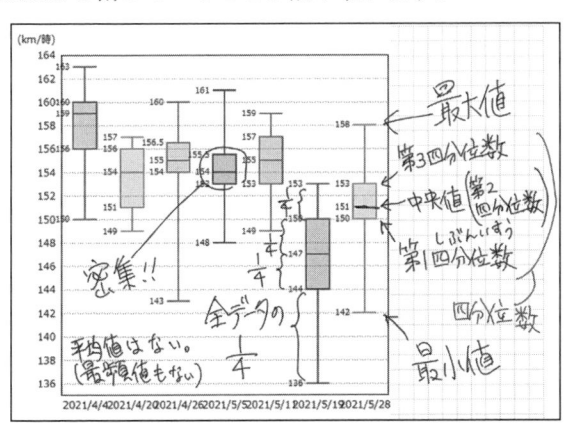

12 数学的な見方・考え方の自覚化

□ 自由な着眼点や考える方向を認め，価値づける

　学習指導要領英訳版によると「見方・考え方」の英訳は「Perspective & Thinking」ではなく，「discipline-based epistemological approaches」です。数学的な見方・考え方とは，児童生徒が対象に迫るときの数学的なアプローチの漠たる総体のことです。総合的な学習の時間や他教科の学習，日常生活などでも，生徒各自の経験に基づいて，数学的な見方・考え方が自由に働いてほしいものです。

　数学の授業においては，もう少し具体的に見方・考え方を捉え，生徒が問題や図や式などのどこに着目して，どのように考えたのかを，教師が捉えて授業を進めることが大切です。これは，生徒の記述を見たり，生徒の声を聴いたりしてみないと把握できません。経験した多様な見方・考え方のうち，よさそうな見方・考え方を別の類似場面でも働かせて，問題を発見・解決できることを目指します。

　例えば，次頁の２枚の画像は中３「道幅一定の道路の面積」の授業板書の左半分と右半分です。生徒が板書した考えそれぞれに「大から小をひく」「角とそれ以外を分ける」「合同な長方形に分ける」「合同な台形に分ける」「上下と

真ん中に分ける」と書き，生徒に自覚化してもらおうと試みました。問題の条件について，正方形を円に変えて発展的に面積を考えると「大から小をひく」が有効で，三角形に変えると「台形に分ける」が有効です。豊かになりつつある数学的な見方・考え方を，条件変更による発展を楽しみながら，数時間かけて確かなものにしていきたいところです。

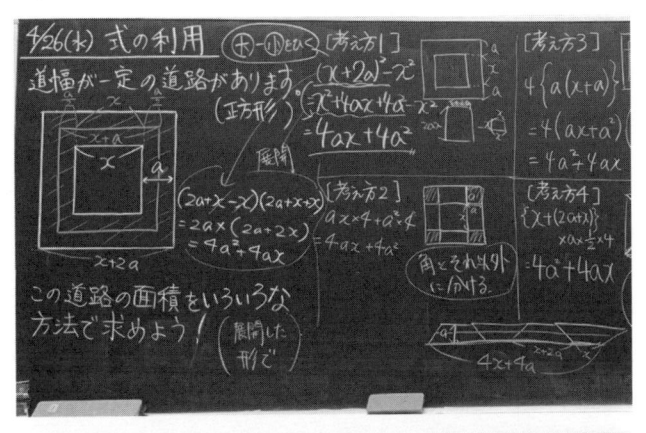

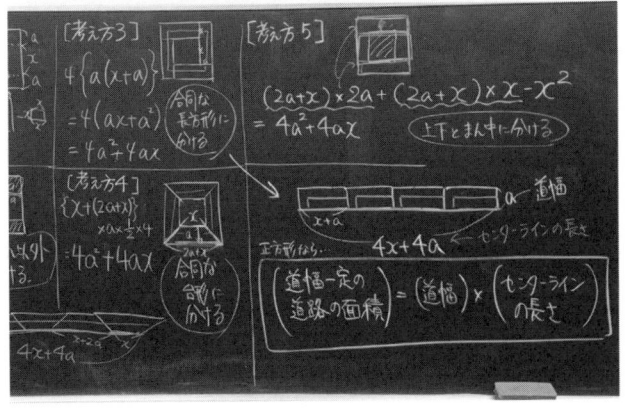

13 まとめと振り返り

☐ 教師によるまとめはダメか？

　結論から言うと，既有の知識と本時で学んだ知識との関連や，学んだ知識の有用性など，生徒だけでは気づけなかったことは，教師がぜひ伝えるべきだと私は考えます。もちろん生徒の活動と乖離していて生徒に実感のわかない一方通行のまとめでは，生徒に何の収穫もありませんが…。

　次期学習指導要領に向けて，「今後の教育課程，学習指導及び学習評価等の在り方に関する有識者検討会」による論点整理が2024年9月に文科省から公表されました。その中では，「多様な個性・特性を有する全ての子供に資質・能力を育成する上で子供一人一人を見取り，適切な指導や関わりを行う教師の指導性はより積極的かつ高度なものが求められるし，時には教師が主導することが重要な場面もある。『教師は教えなくてもいい』『全て子供に委ねればよい』といった誤ったメッセージとして伝わることのないよう，最大限の注意を払うべき。」(p.13) と明記されています。

　本時の目標を達成するには，教師が伝えるのではなく生徒自身が気づくことが理想的ですが，叶わなかった場合，

ひるまず教師が教えて示してよいと考えています。集団として これを学んだという「集団としてのまとめ」です。

　それとは別に，生徒が生徒自身の言葉でその授業で学んだ内容知や方法知を短くまとめて「個人としてのまとめ」（下の図）や授業感想（いわゆる「振り返り」，具体例は本書 p.70参照）を書くのも大変好ましいことです。

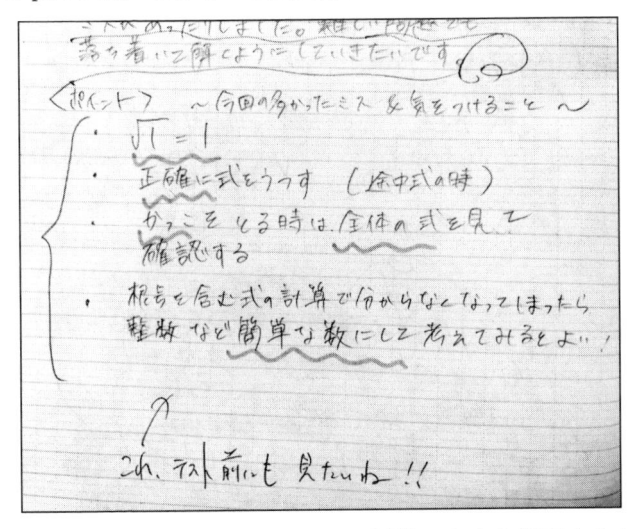

　生徒が家庭学習としてその日の授業の内容を復習するときに，自由にまとめや授業感想を書ければ，エピソード記憶が促進されて学習効果の向上が期待できます。

　授業中の最後の数分を使って生徒が何か書くのであれば，本時のめあてと照らして「○○と△△の違いは何か」，「□□するときのコツを挙げよう」など具体的な指示を出して書くと，入口と出口が一貫します。

　次の図は中3の「円」の学習で，サッカーゴールを見込

む角を教材に円周角の定理の逆を学んだ次時のワークシートです。問題2を解く中で，円周角の定理とその逆の区別を強調した上で，これらの相違点を書いてもらいました。

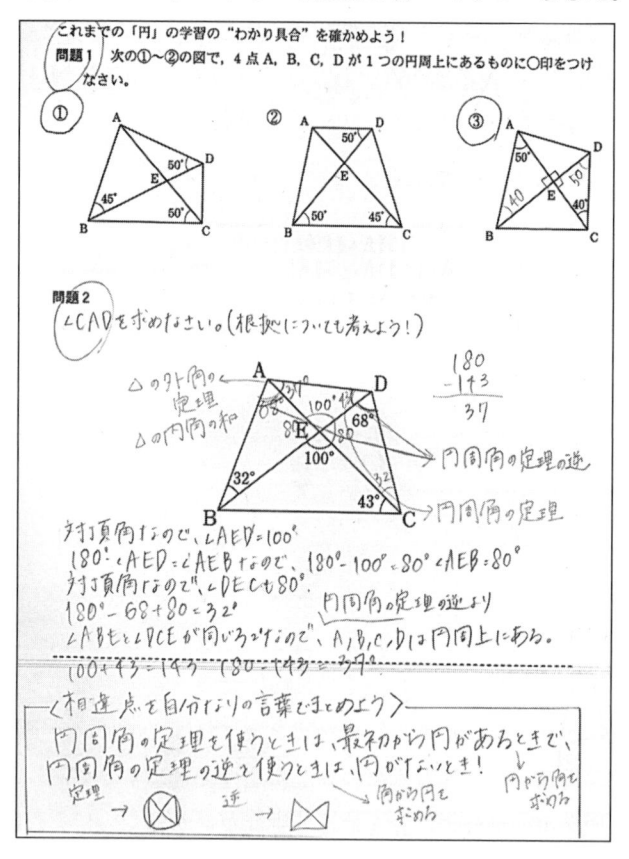

【参考文献】
・藤原大樹・大内広之・大矢周平（2015）「見通しと振り返りを重視した数学的活動の授業づくり」（第31回東書教育賞入選論文 中学校 pp.49-59）

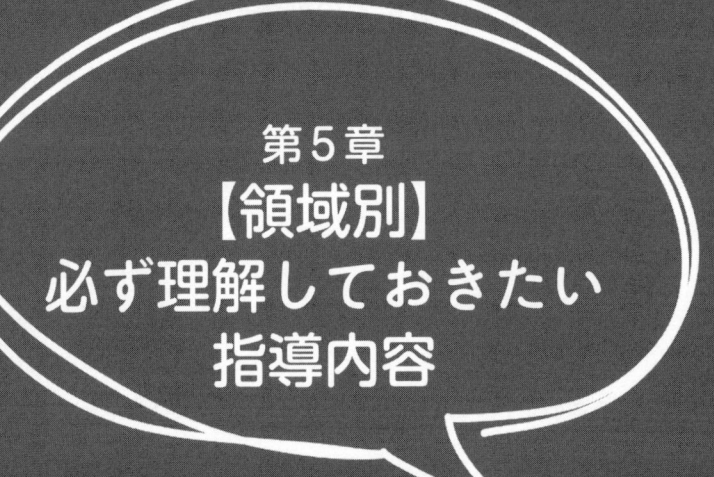

第5章
【領域別】
必ず理解しておきたい
指導内容

学校間，学年間の接続

□ 数
〜対象とする世界の拡張〜

　小学校に入学してから，加法・乗法に閉じた自然数から始まり，その中でも千や万を含む大きな数を扱うことで，たった10個の数字ですべての整数を表すことができる十進位取り記数法のよさを味わってきています。

　しかし整数の世界では「3÷2」のような除法ができません。自然数は除法に閉じていないので，除法ができるように数の世界を拡張する必要があります。小学校では数を，自然数の世界から始まり，0と正の有理数の世界まで拡張したことになります。

　中学校に入ると，まず負の数（負の有理数）を学びます。日常的に「−3℃」などは耳にしたり使ったりしていますが，その計算についてはまだ知りません。小学校で慣れ親しんだ演算記号の「＋（たす）」「−（ひく）」を，数の正負を表す符号としても用いていきます。

　計算では，数を拡張しても計算がそれまでと同じ形式でできるかどうか（形式不易の原理）に関心を向けていくことが大切です。「（＋4）−（＋5）」の「−」は，基本的には演算記号として「ひく」と読みます。「2−3」と表記

した場合，（＋2）−（＋3）と解釈すれば「ひく」と読め，代数和として（＋2）＋（−3）と解釈すれば「マイナス」と読めます。減法は加法と統合されるようになります。

中3では，正の数の平方根を学び，有理数へ数の世界を拡げます。$\sqrt{2}+\sqrt{3} \neq \sqrt{5}$ や $\sqrt{12}=2\sqrt{3}$ など，感覚と理解にずれが生じやすい内容があり，根拠を明らかにして説明し合うなど，納得を得られるようにすることが肝要です。

高校では，実数の世界で二重根号を外す計算をしたり，3乗根などを扱ったりします。深く学ぶ生徒は，実数と虚数単位 $i=\sqrt{-1}$ を組み合わせて表す複素数まで数の世界を拡張します。

□ 文字式・方程式
〜式や文字，等号の意味や解釈〜

小6で導入された文字式を中1で本格的に学びます。文字を未知数としてより，変数として扱うことが難しいです。

小学校では児童は主に，等号を「左の計算が右の結果になる」という矢印の意味として式を解釈していました（操作的な見方）。中学校で等式を学んでから生徒は，等号を「左辺と右辺が等しい」という天秤の意味として解釈できるようになっていきます（構造的な見方）。この見方は方程式の計算でも重要で，特に両辺に文字を含む方程式を解く際には必要です。方程式を用いて問題を解決する方法を理解し，文章題の解決などに活用できるようにします。

2 数と式
単元のねらい

□ 数

中1「正の数・負の数」と中3「平方根」では，数の世界を拡張してその計算の可能性や仕組みなどを考えます。数の世界が広がっても計算の形式が矛盾なく保存されていくという「形式不易の原理」を体験できます。どのように計算を工夫したのかがわかるように，その過程（途中式）を表現する力を身に付けておけば，その後の方程式や図形の計量（三平方の定理）の学習などに生かせます。

中1「正の数・負の数」では，素因数分解や公約数などを扱います。素因数や累乗の指数は負の数を含めないので，負の数を学習する前に，算数との関わりを重視して扱えば，生徒は安心して学びやすくなると私は考えます。

中3「平方根」では，「5の平方根は$\sqrt{5}$である」などの正誤判定が難しく，正の数の平方根の意味を内包と外延の両面から理解したり，図と関連付けて実体のある量（長さなど）として理解したりしておくことが肝要です。

数はその後の単元でも活用するので，教科書の章末の節で全問題までも扱わずとも，中長期的には力はつきます。

□ 文字式・方程式

　文字式では，各学年の「文字の式」「多項式」などの単元で恒等式（用語は高校）を扱います。中１では小学校での□，○の学習や文字の導入（小６）と関連付けて，一般的に表せるよさや未知数を表せるよさ，中１からは計算できるよさなどを味わえるようにしたいものです。

　中２以降は扱う文字の種類や次数が増えますが，それまでの計算を基に，長方形の面積図の縦の長さ a からさらに b だけ下方向に伸ばしたりする条件変更を通して統合的・発展的に考えていくと，数学をつくるよさが味わえます。式と図など複数の世界を行き来が大切です。

　なお，中２からの文字を用いた説明・証明では，数や図形の性質を探究する楽しさを実感できるように，帰納や類推を働かせて問題を発見し，文字を用いて立式し，式変形などを通じて演繹的に確かめていく経験が不可欠です。

　方程式では，中１で一元一次，中２で連立二元一次，中３で一元二次の方程式を扱います。中２の方程式を解くために中１の方程式に帰着させたり，中３の方程式の立式にまず文字２つを使ったりするなど，生徒が新しい計算を創造的に学べるように，学年間の関連を強調しましょう。

　中３になっても，生徒は方程式と等式を意外と混同しがちです。「式 $2x + 3x = 5x$ は方程式かな？」などと各学年で繰り返し問いかけ，定着を図るとよいでしょう。

3 数と式

身に付けたい
思考力，判断力，表現力等

□ 単元の前半の授業で

　思考力，判断力，表現力等は単元後半にある特別な授業でしか育てられない，という考えは大きな誤りです。普段の授業でできることには，工夫した計算を途中式でどう表現すればよいかを考える，計算法則が成り立つ理由について面積図を使って説明する，前時を基に「それなら今回もうまくいくはず」と統合的・発展的に考える，反例を探して命題の真偽を確かめて表現する，など多くあります。

　新しい知識や方法を生徒が獲得する場面は，特に思考力，判断力，表現力等を育てるチャンスです。例えば，中1の方程式の移項。等式の性質に基づいて途中式を丁寧に表現して解いていたけれど，慣れてきたら煩雑なことに気づき，「途中式を省けないか」と多面的に考えていくと，工夫の1つとして，移項のアイデアが生徒から出されるものです。

　本領域に限らず，結果として得られた知識だけをノートに記述するのではなく，その必要性や根拠など，知識の獲得に至る過程や大切な考え方，関連する事柄を整理して表現しておくことが，概念的な理解を得る上で大切です。

□ 単元の後半の授業で

　中2から文字を用いて数や図形の性質を説明する学習が始まります。育成する資質・能力として中2では知識及び技能として「知ること」止まりでしたが，中3からは思考力，判断力，表現力として「できること」が要求されます。実際の授業では，結論を生徒が見いだして証明する動機付けを得たり，文字のよさを感じて用いたり，式の意味を読み取って命題の仕組を理解することなどが大切です。

　例を紹介します。次の板書は中3の授業冒頭の板書です。生徒と対話しながら，様々な数であるきまった計算をしていきます。意図的に，極端に大きな数や負の数も生徒に出してもらい，命題の一般性に気づけるようにしました。

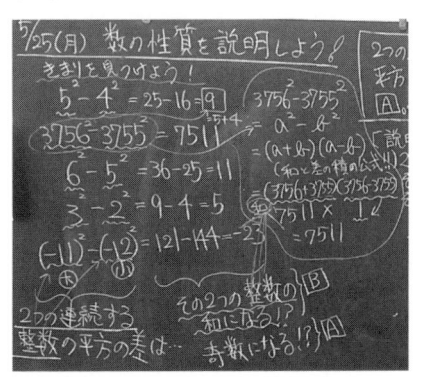

　これらの式を観察し，左辺（命題の仮定）と右辺（結論）を生徒の言葉で表現してもらって板書し（上の板書の下部），次頁の板書で命題のような形に言語化（「事柄・事

実」の説明）していきました。この授業では，生徒から命題の結論として「2整数の和になる」と「奇数になる」の2つが出されたので，AとBと略記して好きな方を選んで取り組んでもらいました。これで，何を明らかにするか（結果の見通し）が明確になりました。後で条件変更による発展をする場合には，立ち戻る「礎」となります。

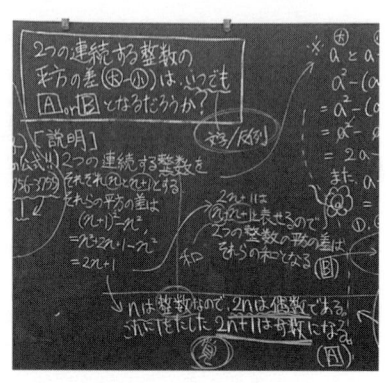

　枠囲みの問題に対して，こちらから
「成り立つと思う子はどうすればいい？」
「成り立たないと思う子は？」
と問いかけると，過去の経験から，それぞれに対して
「文字を使って証明する」
「反例を探す」
との生徒の声が返ってきます。解決方法（過程）の見通しをもつ機会を設けることで，苦手な子にとってもすべきことが明確になって前に進みやすくなります。
　個人での取組が程度進めば，周囲の子と相談し合うのびのびとした時間を経て，全体共有の時間にしていきます。

　次の板書は，授業の最後にBの証明を扱ったものです。さらに，整数のみならず小数等でも成り立つか試したり，「なぜ和になるのか」を探るために和と差の公式として考え直したりする機会を設け，仕組みを理解していきました。

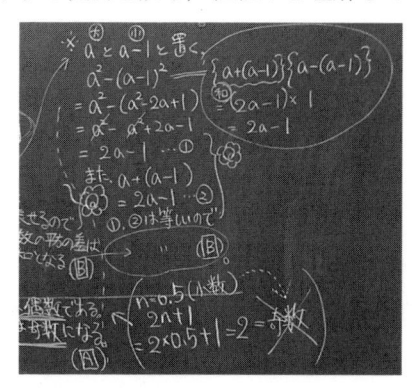

　最初の板書に戻ってください。例えば，3756，3755などの連続2整数を a, b とおきます。すると，$a^2 - b^2 = (a + b)(a - b)$ となり，$a - b = 1$ $(a > b)$ なので $a + b$ だけが残ります。このことから，命題「連続2整数の大きい方の平方から小さい方の平方を引いた差が元の2整数の和になる」という事象に，元の2数の差が1であることが効いていると気づきます。文字の式と数字の式の行き来を通して命題の仕組みの理解が深まります。

　得られた命題の仕組みに気づくこと（過程の振り返り）により，「2連続奇数など元の2数の差が2だったときは和の2倍になりそう」「小数でも差が1なら2数の和になるはず」など，新たな結果の見通しが生まれます。学び深めが，統合・発展に向けた新たな問題発見を促すわけです。

ここに注意

□ 数
～「素因数分解」の居場所～

中1「正負の数」で素因数分解について学習しますが，素因数分解には負の数は登場しません。負の数より前に指導すれば，新たな数の登場を前に，慣れ親しんだ算数科での数の世界での学習になるので，苦手な生徒も安心するかもしれません。

数についての学習を含む「A 数と式」領域の学習内容は他領域と比べて全学年とも長く，時間がかかります。計画していた指導時数を超過して手厚く指導してしまい，3学期の学習内容にしわ寄せが行ってしまうケースが散見されます。本領域の学習が他領域の学習の基礎になりますが，逆に指導の方針を「学び直しの機会が他領域でもあるので長期的に繰り返し指導しよう」と切り替えて，計画した時数をできるだけ超過しないで指導することが肝要です。活用の小単元を軽めに扱っても，あまり支障はありません。

□ 文字式・方程式
～数字式と文字式の意味～

文字式の学習では，事象の数量を文字式で表す，その文

字式を変形する，変形した文字式を事象に照らして読む，という過程を通して，新たな発見や洞察が期待できます。（三輪，1996）。方程式も同様で，この過程を生徒が経験できるような学習指導が必要です。立式は難しく，山梨大学教授の清水宏幸先生は，方程式の「過不足の問題」について，次の実態を明らかにしています（清水，2017）。

○過不足の問題において立式できない生徒が，文字を物として理解していること

○それ以外にいくつかの文字の理解には次の相があり，方程式を正しく立式している生徒の中にも見られること

・問題文の言葉の置き換えとしての文字の理解

（例：$3x + 20$ を「3枚ずつ1人に配ると20枚余る」を表している，と操作として捉える）

・数値の置き換えとしての文字の理解

（例：折り紙の枚数 $3x$，20について「$3x$ は人数を表し，20は枚数を表す」と捉える。）

・物そのものの置き換えとしての文字の理解

（例：生徒の人数 x を使う式は全て人数を表すと捉える）

　生徒の記述や発話から素朴な誤りを拾い上げ，文字式と数字式それぞれの意味を，事象と照らし合わせて丁寧に立式，解釈できているかをみて指導することが大切です。

【参考文献】

・三輪辰郎（1996）「文字式の指導序説」（筑波数学教育研究，15，pp.1-14）
・清水宏幸（2017）「中学校数学における文字式の理解に関する研究」（日本数学教育学会誌，99，数学教育学論究臨時増刊，pp.17-24）

5 学校間，学年間の接続

□ 実験・観察による理解から 演繹的な考察による理解へ

　中学校で学ぶ図形の内容の基礎を，小学校の「B図形」領域と「C測定」（下学年）で学習します。

　平面図形に関しては，その特徴を図形を構成する要素に着目して捉えたり，身の回りの事象を図形の性質から考察したりしています。また，図形を構成する要素やそれらの位置関係に着目し，図形の性質や図形の計量（面積を求める等）について考察してきています。さらに，図形の構成要素や図形間の関係などに着目し，図形の性質や図形の計量について考察することを繰り返し学んできています。

　例えば平行四辺形の性質など，平面図形の性質については，小学校では紙を折ったり実測したりする観察や操作・実験を通して直観的に理解することが中心です。一方，中学校では定義や定理などを基に，直観を生かしながら演繹的に確かめることが中心になります。

　中1では小学校で学習した平面図形の対称性に着目して，基本的な作図や図形の移動について学習します。中2，3では，それまでの直観的に捉え論理的に考察し表現する学習や，小学校での図形の計量などについて演繹的に考察し

表現する学習を踏まえ，推論の過程に着目し，三角形や四角形などの性質や関係を論理的に考察できるようにします。さらに学習した図形の性質や関係を具体的な場面で活用できるようにしていきます。

☐ 平面と空間の相互の関連付け

空間図形に関しては，小学校では基本的な角柱や円柱，球などを学習し，見取図や展開図で表したり図形の性質を読み取ったりすることを学んでいます。関連して，直線と直線の平行や垂直など，位置関係について理解し，立方体や直方体の体積といった図形の計量について論理的に考察してきています。

中学校では，中1で空間における直線や平面の位置関係を理解し，直線や平面図形の運動によって空間図形が構成される見方を学びます。空間図形を平面上に表したり，平面上の表現から空間図形の性質を読み取ったり学習では，平面と空間を相互に関連付けて考察し表現する過程が重要です。基本的な錐体の体積，及び球の表面積と体積については，実験・観察を基に直観的に理解します。

中2で空間図形は扱いませんが，中3では，中2での平面図形について演繹的に考察し表現した学習と中1での空間図形の学習を生かし，投影図や展開図，三平方の定理などを具体的な場面で総合的に活用できるようにします。

6 図形
単元のねらい

□ 中1　平面図形・空間図形

　小学校での学習の延長線上で，図形の構成要素や構成の仕方に着目し，図形の性質や関係を直観的に捉え論理的に考察する力を養っていきます。基本的な作図の方法を考察したり，図形の移動に着目して2つの図形の関係について考察し，具体的な場面に活用したりできるようにします。空間図形については，平面上の表現と空間図形とを関連付けて性質を読み取ったり，立体の表面積や体積の求め方を考察し表現したりするなどしていきます。

□ 中2　図形の調べ方・三角形と四角形

　教科書では2つの章に分かれていますが，一連の単元として捉え，1つの図形における性質（角），2つの三角形同士の関係（合同），1つの四角形における性質，というように考察の対象を変えながら，平面図形について論理的に考察し表現することができるようにします。

　「三角形と四角形」の学習では，小学校で学習した図形の性質がまた登場します。例えば，二等辺三角形や平行四

辺形の性質は，小学校では観察や操作・実験を通して直観的に理解してきましたが，中学校では定義や定理などを基に演繹的に確かめて，局所的な体系として理解していくことを目指します。図形の条件を変えて成り立つ事柄を予想し，それを演繹的に確かめる，というような探究的な活動が期待されます。事柄が成り立つことの証明のみならず，反例を用いた成り立たないことの説明も極めて重要です。

☐ 中3　図形の相似・円・三平方の定理

「図形の相似」では，中2「図形の合同」の学習を基にして，定義や定理などから演繹的に確かめ表現できるようにします。三角形の相似条件などから平行線と線分の比などの性質が見いだせるので，証明を基に関連付けて理解し，活用できるようにすることが必要です。

「円」では，考察の対象の中心を多角形から円に変え，円周角の定理とその逆を理解し，活用できるようにします。

「三平方の定理」では，三平方の定理とその逆を扱い，計量を扱います。空間図形を扱うのは中1以来なので，平面上の表現と空間図形を相互に関連付けて丁寧に考察することが必要です。また，実測できない長さを求めるような現実の問題については，対象を理想化・単純化して直角三角形を見いだしたりつくったりし，三平方の定理を活用して考察し表現することができるようにします。

身に付けたい
思考力，判断力，表現力等

□ 統合的・発展的に考察する

　中２「三角形と四角形」における，三角形の合同条件などを基にして三角形や平行四辺形の基本的な性質を論理的に確かめたり，証明を読んで新たな性質を見いだしたりすることができる学習過程を紹介します。

　評価の参考資料の第３事例を参考にして，まず，二等辺三角形の学習で，条件を変えても同じ結論がいえるかどうかなどを統合的・発展的に考察するレポートに取り組む機会を設けました。次の図はその一部です。

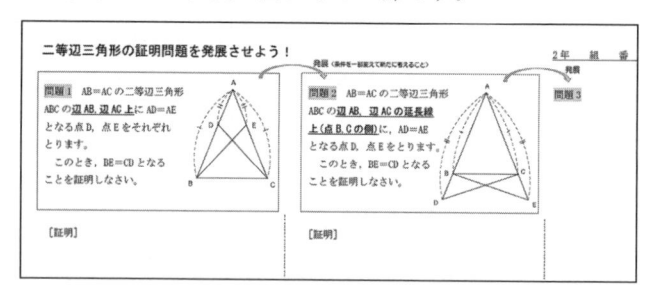

　その経験に基づいて，次は，平行四辺形の学習で問題を各自でつくり，次頁の類似のレポートを完成させました。

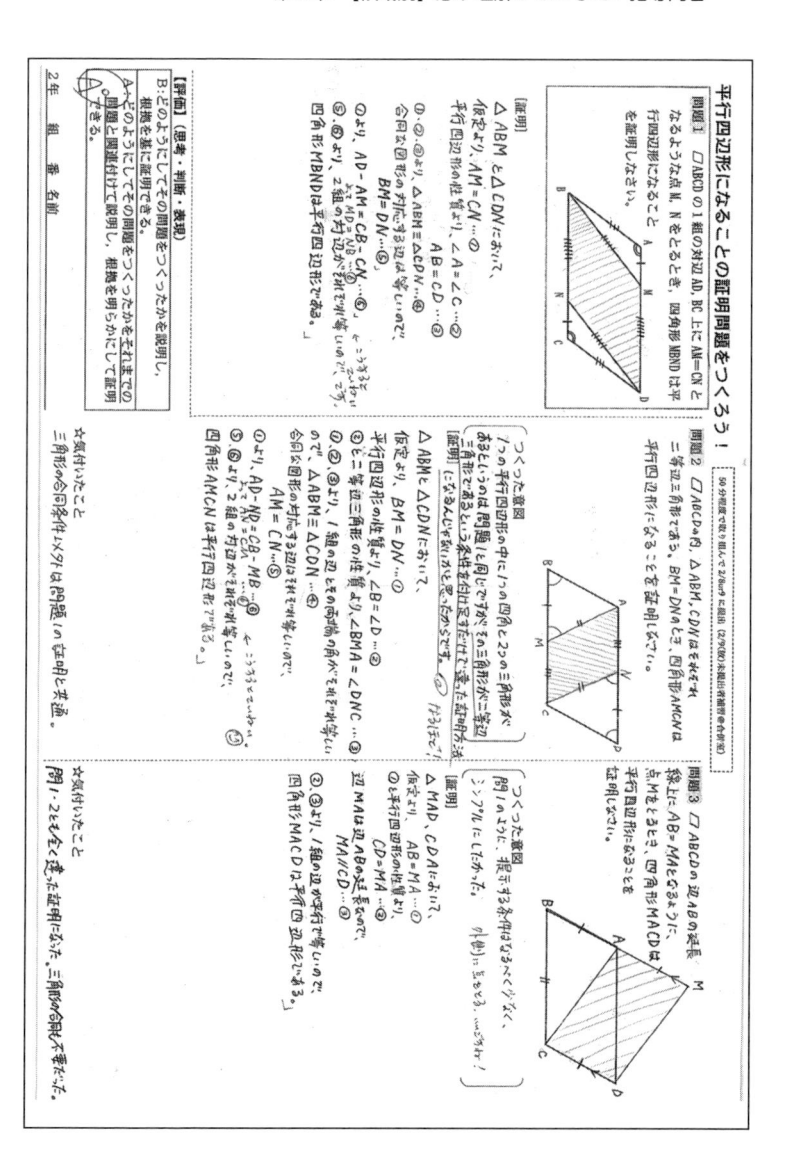

□ 平面上の表現と空間図形を 相互に関連付ける

中1「空間図形」で，空間図形を平面上に表現して平面上の表現から空間図形の性質を見いだすことができる学習過程についてご紹介します。次の問題を見てください。

> 右の図のような，立面図が底辺6cmで高さ3cmの直角二等辺三角形で，平面図が1辺6cmの正方形6cmである立体を，展開図をかいて作りましょう。

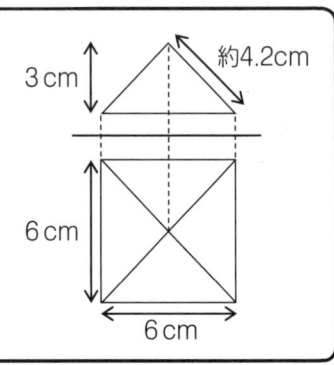

「模型を作る」という目的に向けて，投影図から空間図形をイメージし，必要な長さを考えて展開図をつくる活動を設けました。実際に作れない生徒にはその原因を机間指導で把握し，模型の完成に向けた手立てを講じていきました。個別に助言しすぎて“教師が教え過ぎる指導”にならないように留意します。

「なんで高さが3cmにならなかったのかな？」「どこの長さがわかればよさそう？」などと代理発問をしながら，生徒自身が気づけるように意識して声を掛けました。

次頁右上の図は，側面の二等辺三角形の高さを3cmにして生徒がかいた展開図を，切って組み立てた模型です。

立体にはならず「ぺちゃんこ」になってしまいました。その子は新たな紙で作り直していました。授業をした教室にはこのような子が多くいましたが，実際

に作ると正誤やその原因がすぐわかるので，生徒は最初の投影図とかいた展開図，作った模型を何度も観察し直したり近くの生徒と意見交換したりして，修正を試みていて，素晴らしい姿でした。気づきを促すには，正四角錐の見取図をかき，これを上から二等分に切断する「見えない二等辺三角形」を書き加えることが，高さ4.2cm に気づかせる有効な方法かもしれません。

　右図は，生徒が作り直した模型を机に置き，その高さが３cm になっているかどうかを定規で確かめている様子です。この生徒は，それまでの学びを振り返ることを通して，最初の投影図にある約

4.2cm の長さが，正四角錐の側面の二等辺三角形の高さと等しくなることに気づいていきました。実際３cm になっていることを確かめて，作った模型を嬉々として見せてくれました。ちなみに，この模型６人分組み合わせると，四角錐の求積の学習における教具になります。

8 図形
ここに注意

□ 穴埋め式の証明の大きな落とし穴

　証明の数か所が空欄になっている穴埋め式の証明を，証明の初期段階の授業で扱う先生は多いと思います。空欄に入る辺や角を生徒は答えやすいとは思いますが，全体の流れがわかりづらいので，論理的に考察し表現する力をつける上では，生徒にとって学びになっていない可能性があります。

　論理的に考察し表現する力をつける上では，証明の方針をつくることが極めて重要です。証明の書き方には特に中2では必要以上にこだわりすぎず，フローチャートや箇条書きなど，視覚的あるいは簡便な形式で論理の流れを組み立てることに注力して指導しておくと，論理的に考察することができるようになり，あとは表現の仕方をどうするかを考えていけばよくなります。

　証明を表現することに重点を置く指導をする前に，何度か証明を読む活動を設けると，生徒は真似して証明をかきやすくなります。読んだ証明の仮定を一部変えて統合的・発展的に考え，自身で証明をかくと，学びが広がります。

□ 画面上で見る立体は平面上の表現である

　生徒が図形アプリで立体を表示させ，視点を変えて何度も観察し直したりする機会を設けることは，実物を用意するよりも容易です。例えば GeoGebra で「🔍 円錐　展開図」と検索すると，多くのコンテンツがヒットし，学習のねらいや好みなどで自由に選択して使用できます。教科書にある QR コードから，端末の画面上で自由に観察，操作することができる空間図形もあります。

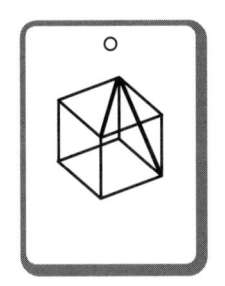

　このようにアプリはとても便利な一方で，こちらも落とし穴があります。それは，画面上で見る立体は，実物の立体ではないため，その長さや角の大きさは多くの場合が実際とは異なります。

　また，端末上で何のために何を見るのか，などが理解できていないと，生徒は端末の画面をとにかくいじって速く回転させるなど，遊んでしまうことがあります。少し遊ぶと多くは飽きますが，例えば，「（目的）するために（見る視点）の方向から（対象，構成要素）を見る」のように，目的意識をもって観察する文脈をつくる必要があります。

　実物とアプリそれぞれの長所と短所を教師と生徒が理解し，授業や活動のねらいによってどちらを採用するかを教師や生徒自身が選んで使うことが大切です。

9 関数
学校間，学年間の接続

□ グレードアップする比例

　小学校では，伴って変わる２つの数量について学習してきています。例えば，小４で折れ線グラフ，ものの位置の表し方，小５で簡単な場合の比例，小６で比例と反比例を学習してきました。他にも，かけ算，わり算，比，同種・異種の割合など，比例の構造をもつ数量の関係を，式や図などで表し，数学的に考察している経験が生徒たちにはあります。

　平成元年の小学校指導書算数編に「関数の考え」として示された「一つの数量を調べようとするとき，それと関係の深い数量をとらえ，それらの数量との間に成り立つ関係を明らかにし，その関係を利用しようとする考え」は，現在も算数・数学教育で重視されています。

　中学校ではこれらを踏まえ，小学校で学習した比例と反比例を「一方の値を決めればもう他方の値が１つ決まる」という関数として捉え直し，式で定義し，変数の概念を正式に導入し，負の数まで変域や比例定数を広げ，座標の考えを基にグラフを捉えます。中１では小６と同じ「比例・反比例」を扱うが，そのグレードアップは大きく，生徒は

苦手意識を持ちやすくなります。厳密にはある関数とはいえない事象の2量でも、これをある関数であるとみなすことで未知の値を求めることができるよさや、変数と変域についての意識などは、中学校から重視して学習指導にあたりたいものです。

□ 比例を核として見方を豊かにする

中学校で扱う比例、反比例、一次関数、関数 $y = ax^2$ の4つのうち、反比例の式は $y = a \times \dfrac{1}{x}$ と変形でき、y は $\dfrac{1}{x}$ に比例するとみることができます。一次関数は $y - b = ax$ より $y - b$ は x に比例する、関数 $y = ax^2$ は x の2乗に比例するとみることができ、すべて比例といえます。

このような見方をすべて扱う必要はありませんが、4つの関数それぞれを、式の形、グラフの形状、変化の割合、a の値の正負や絶対値の大小などといった様々な視点で、どのような共通点や相違点があるのかを理解できるように、指導を展開することが大切です。そのために、表を横（変化）や縦（対応）に見る、表やグラフで変化の増減を見る、グラフの傾斜や曲がり具合で変化を見る、式を文字の項の次数や定数項の有無で見るなど、様々な見方を繰り返し経験し、豊かにしていくことが大切です。

【参考文献】
・文部省（1989）『小学校指導書　算数編』（東洋館出版）

10 関数
単元のねらい

□ 中1　比例・反比例

　前述の通り，算数での学習を踏まえて比例の意味を拡張していくことなどが学習の中心です。反比例は，比例との共通点や相違点を整理していくと，概念的な理解が得られやすくなります。その上で，単元の後半では，比例や反比例の定義をやや満たさない事象までもを扱い，未知の値を予測するために比例などとみなして考えることを学びます。

□ 中2　一次関数

　比例に似た関数と新たに出合い，どのような特徴があるのかを比例と比較しながら整理していくのが本単元です。変化の割合やグラフの傾き，切片など，新たな用語が登場するので，比例と一次関数の包含関係や，わかりやすい事象（定期的な貯金など）と関連付けて理解しておくと，活用可能な知識として習得しやすくなります。

　前年度の学習経験を基に，定義をやや満たさない事象の2量を一次関数とみなす経験を積み，未知の値を予測する方法を表，グラフ，式を用いて説明する力をつけておくこ

とが大切です。

□ 中3 関数 $y = ax^2$

変化が加速的である関数 $y = ax^2$ について，既習の関数との共通点や相違点を意識しながら，表，グラフ，式を相互に関連付けて，その定義や特徴を理解していきます。理科の実験データを授業で取り上げることも考えられます。

変化の割合が一定にならないことや x の変域から y の変域を求めることが煩雑になることなど，学習のハードルが増えますが，表，グラフ，式のつながりの理解が前年度までよりも進みます。現実の事象における2量をどの関数とみなすかを考える場面では，既習の関数が4つに増えるため，生徒には判別に負荷がかかるようです（藤原，2024）。

なお，中1「関数関係の意味」と中3「いろいろな事象と関数」は中学校の学習指導の入口と出口としての意味合いがあります。1つの式で表されない関係を含んで，上記の4つの関数以外にも身の回りには多くの関数が潜んでいて，その中の基本的なものを中学校で学習している，ということを理解できれば，関心が高校数学や社会へも向かっていくことでしょう。

【参考文献】

・藤原大樹（2024）「関数 $y = ax^2$ とみなすことの困難性とその克服－「リレーのバトンパス」の実践と事後調査を通して－」（日本数学教育学会春期研究大会論文集，12，pp.95-102）

関数

身に付けたい
思考力，判断力，表現力等

□ 関数の特徴を見いだし，
考察し表現する

　ある関数の変化や対応の特徴を見いだし，表，式，グラフを相互に関連付けて考察し表現することを，各学年の発達段階に合わせてできるようになることが必要です。特徴を授業者が教え込んではいけません。

　國宗（1996）は中学校における「関数の考え」を「①変数，定数に着目する」「②依存関係に着目する」「③変数の変域を明確にとらえる」「④変化や対応の特徴をとらえるのに表，グラフ，式等で表現する」「⑤関数の変化や対応の特徴を，問題解決に利用する」の5つで捉えています。これらを，「深める」小単元で特徴を考える授業でも，生徒自ら行うことが大切です。その成果をノートに書いたり他者と話し合ったりすれば，知識の概念化が期待できます。

　例えば，次の頁の板書は，中1の比例の特徴の2時間の授業の板書を並べたものです。個人で考えたことを班で共有し，班ごとに1件ずつ発表してもらって板書しました。個人や班で気になったことを，式，変化，対応，変数の変域，規則性などについて，自由に発言してくれました。

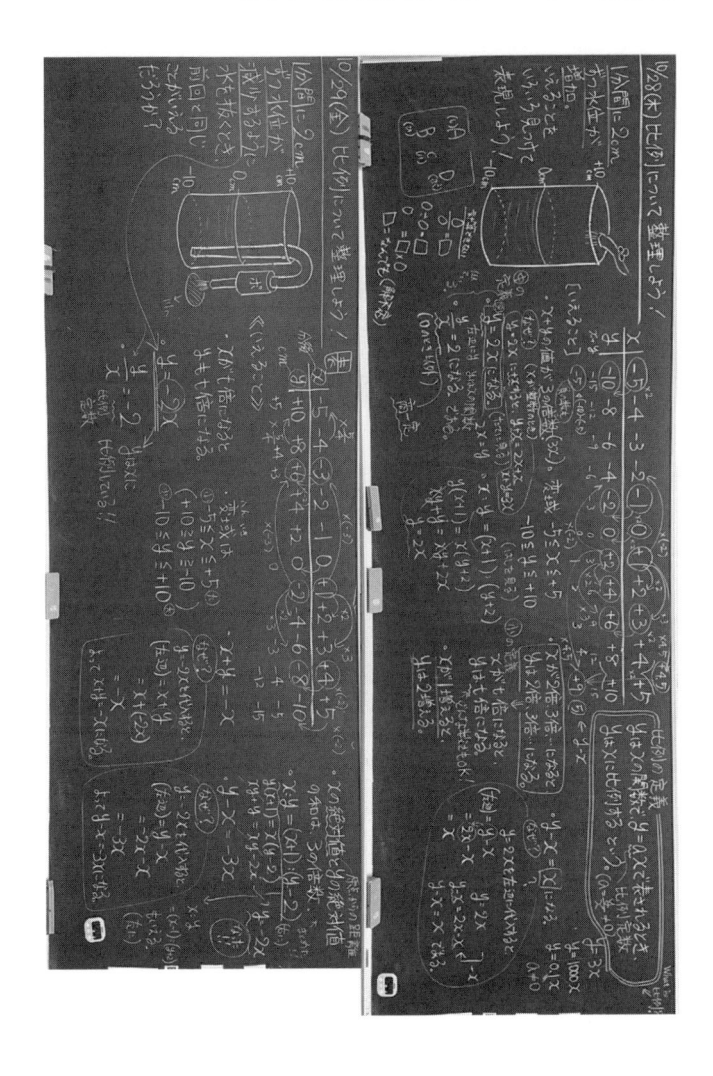

附属中での実践で，やや奔放な学びに見えるかもしれません が，生徒たちはわくわくしながら発見・報告し，納得いかないことがあれば，中２の学習のように文字を用いて説明していました。見方・考え方が豊かになっていく実感を生徒たちももっていたと思います。この経験が，その後の「使う」小単元や翌年の学習に生かされていきます。

□ 具体的な事象を捉え考察し表現する

　ある関数を用いて具体的な事象を捉え考察し表現することができるようになることも必要です。例えば，一次関数の定義に近いデータから未知の値を予測する問題を扱うと，一次関数とみなすことを受け入れられる生徒とそうでない生徒とが必ずいて，学習指導が困難です。意見が一致しない場合，不確定的な議論なので，「ある変域において一次関数と一旦仮定しよう」と教師から提案し，軽い気持ちで未知の値の予測まで行き着きたいものです。「予測した結果は仮定と対である」という見方により，みなすことのよさが感得できるはずです（藤原，2010）。

　次の頁の２つの図は，藤原家のボディーソープが空になる日を中２の生徒に予測してもらった授業（本書 pp.102〜103参照）のワークシートと GeoGebra の画面です。表では定義との値の違いが気になりやすいのですが，視覚的なグラフだと気になりにくくなります。事前にグラフを扱う問題を扱っていれば，グラフを使う生徒が増えます。

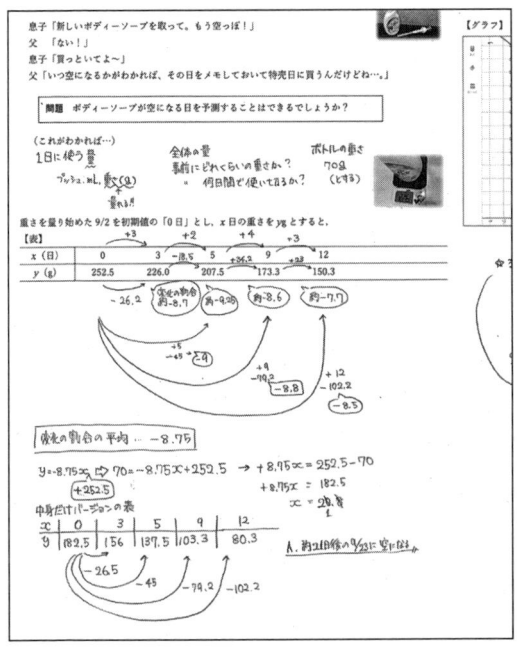

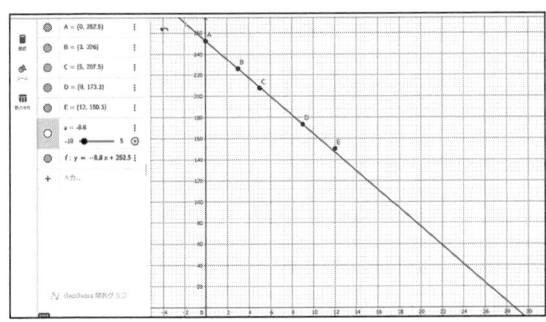

【参考文献】

・國宗進（1996）「「関数の考え」の指導」（『中学校 楽しい数学の授業 3』（明治図書））pp.51-54.

・藤原大樹（2010）「1次関数とみなすことの指導についての事例的研究」（日本科学教育学会年会論文集，34，pp.137-140）

12 関数 ここに注意

□ 事象との関連を重視して 確かな理解を得る

　関数の学習は，事象と表，グラフ，式とが関連し合っており，複雑で難解であると感じる生徒が多くいます。

　全国学力・学習状況調査（H28）の報告書によると，具体的な事象における x，y の関係のうち，反比例のものを選ぶ問題で，片方が増えると他方が減る事象とわり算を使いそうな事象に解答の多く（各2割）が集まりました。高得点である生徒であっても約3割ずつが上の2つと正答とにばらけてしまうという状況もあるそうで，確かな定義についての内容知と式を用いてどの関数かを判定する方法知を，活用可能な状態にしておくことが大切です。

　他領域の学習と比較しても，注意点が見えてきます。図形の学習では，性質と条件の違いを強調して演繹的な思考を厳密にしていますが，関数の学習ではその習慣がありません。関数 $y = ax^2$ の特徴は学習しますが，関数 $y = ax^2$ といえるための条件は学習しません。グラフが放物線になることは，特徴ですが条件ではありません。一次関数の表で，x が1増加したときに y が2増えていることを基に生徒が式を $y = 2x$ としてしまうのは，これが一因です。

このことは「みなすこと」の学習にも大いに影響します。

□ みなすことの指導の工夫

「みなすこと」の学習では，生徒が考えたことを表現することが求められますが，いくら仮定とはいえ，どんな状況でも既知の関数を当てはめればよいというわけではありません。会社員なら，上司や顧客に未知の値を予測して納得してもらうとき，未知の値をどんな方法で求めたのか，何を根拠にみなしたのかという説明が必要です。一次関数はグラフで表すと点が直線上に並ぶのでみなしやすいですが，放物線の場合は視覚的に判断できません。この場合，グラフ描画アプリの座標平面上に点を打ち，$y = ax^2$ と入力してパラメータ a を変化させて点にフィットするか試行錯誤する方法は，代数的な処理が苦手な生徒に適しています（藤原，2023）。

また，「使う」小単元では，生徒が未知の値を求めやすい事象からそうでない事象へ，その難易度を上げて扱うことで，様々な事象に学習したことを活用できるようになります。例えば，定義を満たす事象から始めて，徐々に定義を満たさないばらつきの多い事象へ，などが考えられます（藤原，2023）。

【参考文献】
・藤原大樹（2023）「一次関数とみなすことの段階的指導で扱う教材の分類と授業化」（日本数学教育学会春期研究大会論文集，11，pp.95-102）

13 学校間，学年間の接続

□ 小学校で学ぶ統計の内容と 確率の素地的内容

　統計で扱うデータには質的データと量的データがあり，小学校ではその両方を扱います。

　小1で動物の種類などを絵グラフに表してその高さで匹数を比べることから始まり，○のグラフ，棒グラフと抽象度を高めていきます。質的データを簡単な表や2次元の表で見やすく整理することも学びます。

　また，時系列データを折れ線グラフで表したりすることも学び，中学校の関数の学習につなげていきます。割合を表すグラフとして円グラフと帯グラフを学び，他教科でも多く使っていきます。

　さらに，測定値の平均を学習した後，小6では，量的データを表すドットを数直線上に積み上げたドットプロット，階級ごとに長方形を積み上げたヒストグラムを，分布の視覚化の方法として学びます。量的データを要約して単一の数値で表現する方法として，平均値や中央値，データの最頻値といった代表値を学びます。

　なお，統計的な問題解決の方法について経験を通して学び，その中で批判的に考察してきていることは，中学校数

学を教える教師として知っていなくてはなりません。また，アプリなどICTを使ってデータを折れ線グラフや円グラフ，ドットプロットで表して問題を解決する経験をもつ児童も，中には増えています。

　他にも，比例構造を前提として2量の関係を表す割合は，中1の相対度数や確率を理解する基礎となります。場合の数を求める学習は，中2の確率学習の素地です。

□ 中学校で学ぶ統計と確率

　中1では，小6よりも多くの量的データを分析するために，ヒストグラムや度数折れ線，相対度数，累積度数などを学びます。また，いわゆる統計的確率を学ぶことで，生徒は過去のデータを基に未来の傾向を予測します。

　中2では，多くの集団の量的データを比較して分析するために，複数の箱ひげ図を学びます。いわゆる数学的確率の学習では，統計的確率と関連付けながら進めます。

　中3では，中1，2の統計と確率を基に，高校から本格的に始まる推測統計の入口として，標本調査を学びます。

　各学年では効果的にアプリを使い，統計的な問題解決の方法を通して学びます。その過程で，よりよい解決のために自他の考えを批判的に考察し表現することが肝要です。

　中学校で学んだ知識や統計的な問題解決の方法は，高校での数学や情報，総合的な探究の時間などで生かされます。

14 データの活用
単元のねらい

□ 中1　データの分析と予測

　主に統計の小単元と確率の小単元に分けられます。

　統計については，ヒストグラムや代表値などの必要性と意味を理解し，アプリを使うなどして量的データをヒストグラムなどで整理することを学びます。また，目的に応じてデータを収集して分析し，そのデータの分布の傾向を読み取り，批判的に考察し判断できるようにします。

　確率については，実験の結果などを基に，いわゆる統計的確率の必要性と意味を理解することを学習し，事象の起こりやすさの傾向を読み取り表現できるようにします。相対度数を確率とみなせば，未来の傾向を予測できます。

□ 中2　データの比較（箱ひげ図）

　四分位範囲や箱ひげ図の必要性と意味を理解し，アプリを使うなどして量的データを箱ひげ図で表すことを学びます。箱ひげ図を用いてデータの分布の傾向を比較して読み取り，批判的に考察し判断できるようにします。

　箱ひげ図は，量的データで構成された多くの集団の傾向

を簡易に比較して分析するためのツールです。一方で，箱ひげ図には，詳細な分布の様子が読み取れないという短所があるので，目的に応じて，既習のヒストグラムなどに表し直すなどして，批判的に考察することが大切です。

□ 中2　確率

　場合の数を基にいわゆる数学的確率の必要性と意味を理解し，実験しないで確率を求める方法を学びます。数学的確率の求め方を考察し表現したり，確率を用いて事象を捉え考察し表現したりすることができるようにします。

□ 中3　標本調査

　それまでの統計と確率の学習を基に，標本調査の必要性と意味を理解し，アプリを使うなどして無作為に標本を取り出し整理することを学びます。標本調査の方法や結果を批判的に考察し表現したり，標本調査を行って母集団の傾向を推定し判断したりすることができるようにします。

　小学校で経験した統計的な問題解決の方法，つまり「問題－計画－データ－分析－結論」という5つの過程を含む一連のサイクルを通して，全学年の統計を学びます。特に「思考力，判断力，表現力等」の授業では，批判的に考察しながらサイクルの一部や全体を回せるようにします。

身に付けたい
思考力，判断力，表現力等

□ 一連のサイクルにおいて
批判的に考察し表現する

　足の小指をぶつけたことはありますか。あれは，自分が思っているよりも約1cm外側を歩いているからなのだそうです。TV番組で得た情報を基に，「『自分が思っているより約1cm外側を歩いている』は本当だろうか」を設定し，生徒が実験を計画してデータを集め，分析して検証する授業を実践しました（藤原，2019）。次の図は，生徒とやり取りをして計画した実験方法です。生徒は実験データを統計アプリstathist（現在はstatlookに統合）に入力し，

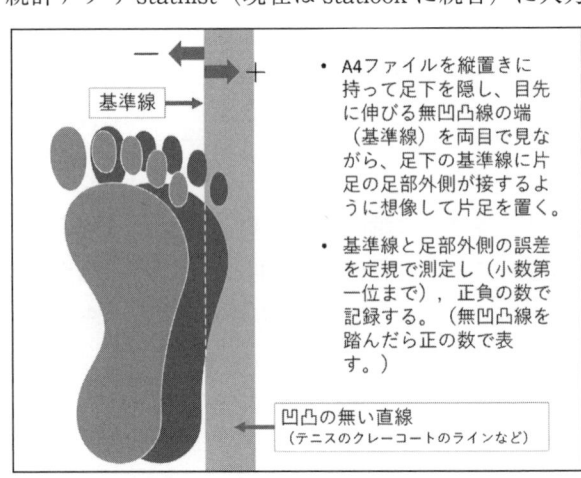

* A4ファイルを縦置きに持って足下を隠し，目先に伸びる無凹凸線の端（基準線）を両目で見ながら、足下の基準線に片足の足部外側が接するように想像して片足を置く。

* 基準線と足部外側の誤差を定規で測定し（小数第一位まで），正負の数で記録する。（無凹凸線を踏んだら正の数で表す。）

基準線 →

― ＋

凹凸の無い直線
（テニスのクレーコートのラインなど）

１cm 付近にどの程度のデータが集まっているかなどを分析し，PowerPoint のワークシートにまとめていきました。次の図を見てください。

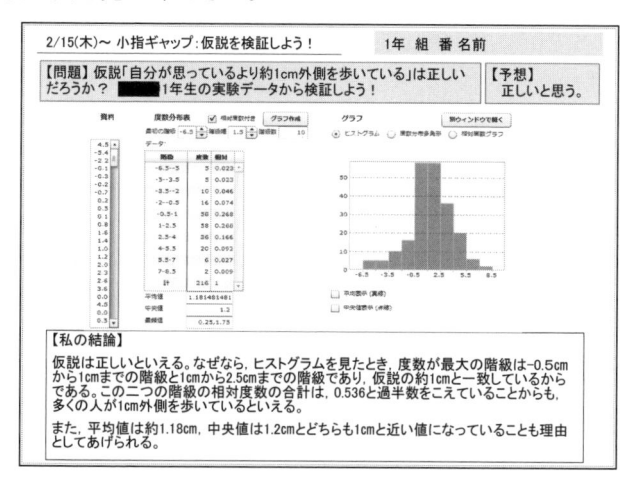

ある生徒は，途中段階で友達の批判的な意見をもらい，評価・改善してこのワークシートを完成させました。【私の結論】の記述から，１cm を基準に前後1.5cm の２つの階級に過半数以上のデータが集まっていることなどを根拠に「正しい」と結論付けていることがわかります。この後，どのような人がぶつけやすいのかを探るために，データを層で分けて比較していきました（サイクル２周目）。このような一連の問題解決を遂行し表現する力が求められます。

□ 新たな知識を生み出すときにも
　批判的な考察を

本領域では，領域名からもわかるように，現実の事象に

統計や確率を活用できるように，知識の意味だけではなくその必要性も理解することが求められます。具体的な問題を考え表現しながら，新たな知識を生み出します。

　下の図は，私が勤務した学校の生徒が当時もらっていた小遣いの月額データを stathist で整理したものです。

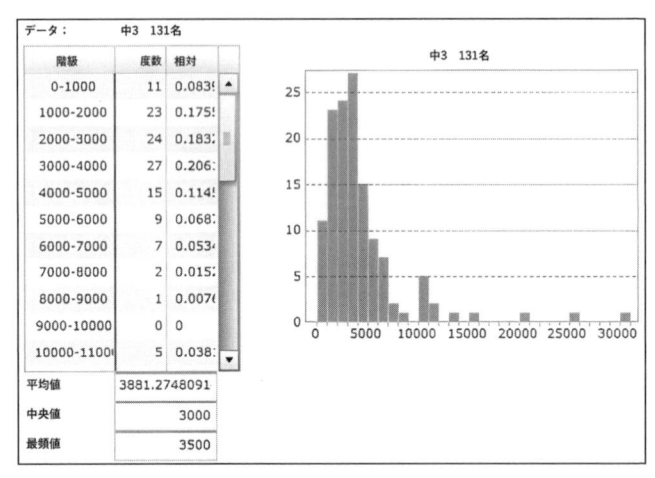

　仮にあなたが月額2000円もらっていて，金額アップを親に要求するとしたら，どうしますか。平均値よりも1900円近く低いことを説明すると，親からは「極端に高い子がいるかもしれないでしょ」と一蹴されるかもしれません。

　次の頁の図（ホワイトボード）を見てください。2000円を基準にして，度数分布表の上の方とヒストグラムの左の方に着目し，未習の累積度数34人や累積相対度数約26％を根拠に説得を試みています。あるクラスでは，9つの班のうち，7つが累積相対度数，2つの班が相対度数につながる考えを出しました（藤原，2017）。生徒が発表した考え

に合う2つの専門用語を紹介して授業を終えました。

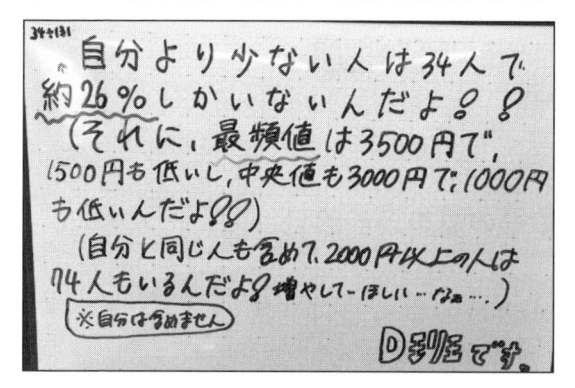

　平均値や中央値を説得の根拠に用いる方法もありますが，ここでは累積度数などにつながる考えを生徒から引き出したかったので，新しい方法を考え付けば積極的に書くように指示しました。扱ったデータは，極端な高額データを含むので，平均値は根拠に相応しくありません。既存の知識を用いた方法を批判的に捉えることで，新たな方法を創造することができることは統計では多々あります。

　この授業では，授業のねらいに合わせて，問題解決の過程のうち，「計画」「データ」を軽く扱い，「問題」「分析」「結論」を重視して実施しました。

【参考文献】

・藤原大樹（2017）「新たな統計的知識獲得の学習における批判的思考の意義－累積度数の必要性と意味の指導に焦点を当てて－」（第50回日本数学教育学会秋期研究大会発表集録，pp.345-348）
・藤原大樹（2019）「生徒の活動を通した統計的問題解決に関する方法知の特定」（日本科学教育学会年会論文集，43，pp.227-230）

ここに注意

□ 思考の進め方の違い

本領域での学習は，他の領域（特に「数と式」「図形」領域）の学習とは結論や答えを得るプロセスが異なります。他領域の学習では，定義や定理などから主として演繹的に結論を得ていきます。一方，本領域は，データから主として帰納的に結論を得ていきます。

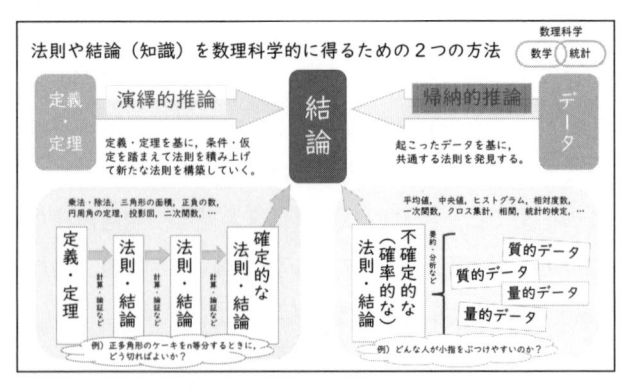

他領域の学習で確定的な事象を扱う場合には，「2種類以上の証明が必要」などということはなく，演繹的に得られる事柄の根拠は1つで構いません。一方，本領域で不確定な事象を扱う場合，「平均値を基にすると…。累積相対度数を基にすると…」などと，帰納的に得られた結論の根

拠は，妥当なものが複数あった方が説得力が増すと考えられます。

□ 学年末の「時間切れ」にせず，
豊かに学べるように

統計・確率は，多くの生徒にとって将来最も役立つ可能性がある数学科の学習内容です。他教科や総合的な学習の時間，特別活動などでも生徒が使います。しかし，現行の教科書の最後に本領域の章が位置付けられていることから，年度末に大急ぎで指導される傾向があるようです。決して「時間切れ」とならないように，それまでの年間指導計画と残り授業時数を見ながら，学習指導を進めていってほしいと思います。年度の始めや，レポート作成を見越して長期休業前の数週間で指導することも考えられます。

例えば中2「箱ひげ図」では箱ひげ図を理解するために，他の図表なども関連付けると指導が豊かになります。5つ程度の集団を比較する問題を扱い，「度数折れ線を重ねても傾向が比較しづらい」と限界を感じた上で紹介すると，そのよさが理解できます。また，箱ひげ図の読み取り方の理解は，ドットプロットと関連付けることでいっそう深まります。活用場面では，「第一四分位数が26℃なので，75%の確率で26℃以上になるとみなすことができる」などと判断することができます。統計や確率は既習事項を総合的に用いて考え，意思決定につなげる機会を設けましょう。

17 課題学習

課題学習のねらい

□ 特定の単元や領域に閉じない
数学的活動を

　各領域の内容を総合したり，日常の事象や他教科等での学習に関連付けたりして，生徒が見いだした問題を解決する学習が，課題学習です。STEAM教育など教科横断的な学習も大切ですが，橋渡しとして，特定の領域等に閉じてない課題学習を数学科として設けることも重要です。

　通常の授業では，扱う問題はその領域固有のものばかりで，生徒は問題解決の場面で，直前に学んだ内容を適用すれば解けそうだとの見通しを立て，実行する傾向があります。一方，課題学習では，それまでに学習した内容をどのように用いればよいか見通しがつきにくい問題を扱うため，これまでより広範囲の振り返りを基に，生徒は思考力，判断力，表現力等を発揮する必要があります。効果的な学習ができるように，学年の指導計画に適切に位置付けます。

　通常の授業と課題学習の授業は，互いに独立した学習ではありません。課題学習の計画と実施は，教師にとって数学的活動の本質の理解を促し，教材研究や指導法の改善，カリキュラム・マネジメントの必要性を理解するよい機会になります。ぜひ挑戦してみてください。

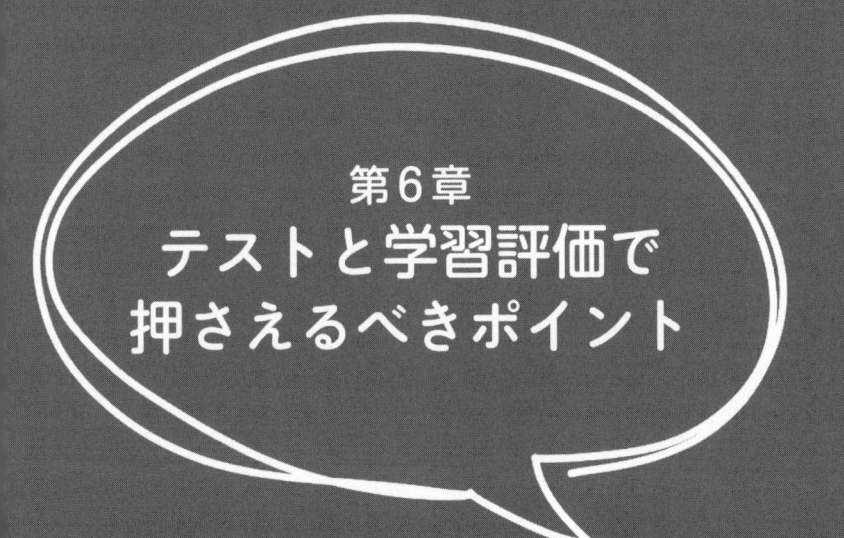

第6章
テストと学習評価で
押さえるべきポイント

1 何のための学習評価か

□ 子どもの成長を助けること

　多様な「評価」のうち，学習評価は教師が行う重要な取組です。東京学芸大学名誉教授の杉山吉茂先生は，算数・数学における評価の意義について次のように述べています。

　「教育は児童・生徒の成長を助ける営みである。評価はその成長を認め，そこに価値を認めることによって，成長を励ますものでなければなるまい。評価が，生徒の学習意欲をそぎ，成長への喜びを失わせるとしたら，それは，評価の意義・役割に反することであろう。評価は，学習指導とともに，成長を助け，成長を励ましていく教育の営みであることを忘れてはなるまい。評価は，学習できたことを確認し，学習を強化し，成長の成長を認め励ますと同時に，更なる成長への期待をもって足らない部分，補うべき部分を知るためになされる教育の重要な役割を担っているのである。」(p.14-15)

　文部科学省は，学習評価の目的を「児童生徒の学習改善」と「教師の指導改善」としていますが，ともに，児童生徒に資質・能力を育成することがねらいです。

□ 学習評価の"正解"は誰も知らない

　国立教育政策研究所から「『指導と評価の一体化』のための学習評価に関する参考資料」が各校種・各教科等で発行された2020年以降の2年間は各学校や教育行政で活発に議論されていましたが，最近は停滞気味です。

　一般的に，学習評価の話題は，観点別評価の観点名やその趣旨が変更した数年間を過ぎると，誤った方法で評価していてもそのままスルーされてしまう危険性をはらんでいます。学習指導の教師のふるまいは，授業参観すれば他者から目に見えます。しかし，学習評価のふるまいは，授業中の生徒とのやりとりや机間指導に目を凝らせば見えますが，授業後になれば誰からもほぼ見えません。

　学習評価は，教師にとって負担と喜びの両方が伴いますが，100点満点の正解はなく，ベテランであってもその多くが半信半疑で取り組んでいます。むしろ過信が危険で，だからこそ，国の資料や先進的な取組，信頼できる書籍等（例えば髙木（2019）や石井・鈴木（2021））を何度も読みましょう。そして，各学校や地域等で教員同士が実践を持ち寄り公開すること，そして協議を重ねてよりよい取組を目指して評価・改善を継続することがとても重要です。

【参考文献】
・杉山吉茂・沢田利夫編（1978）『現代教育評価講座4 算数・数学』（第一法規出版）
・髙木展郎（2019）『評価が変わる，授業を変える』（三省堂）
・石井英真・鈴木秀幸編著（2021）『ヤマ場をおさえる学習評価 中学校』（図書文化）

2 学習評価は 「妥当性」&「信頼性」

□ 学習評価の妥当性

　評価の妥当性とは、「評価したいことが評価できているか」ということです。テストなどの評価問題の作成にあたっては、当たり前ですが、それまでの授業で経験したことが発揮できる問題にすることが大前提です。まさに、指導と評価の一体化。その結果、教師の指導、教師の評価、生徒の学習の三者に一貫性が生まれ（本書 p.157参照）、生徒が「これからもテストで実力を発揮できるように授業を頑張ろう」などと前向きに思えるようになります。生徒が全く経験のない問題を出すのは"評価の闇討ち"です。

　ただ、未知の状況にも対応できる思考力、判断力、表現力等の状況を評価する場合は、知識の単なる再現を要求するのみにならないよう、学習問題と評価問題とで文脈や難易度の違いをある程度つけることが必要です。過去問を授業で扱って指導し、テストで評価するときには新たな類題を扱う、という方法はお勧めです。

　評価のねらい（評価規準）を明文化してみて、評価問題に合っているかどうかを確認したり、作った評価問題の改善を、具体的な生徒の反応を多様に予想しながら行ったり

することも，評価の妥当性を高める上で欠かせません。

□ 学習評価の信頼性とは

　学習評価の信頼性とは，「同じ評価を繰り返しても同じ結果になるか」ということです。特に評価の信頼性を保つのが比較的難しいのが，レポートなどを含めた，記述式の解答です。生徒の書く解答には，正答，誤答，不十分なものを含めて多様なものが想定されるからです。

　採点に当たっては，下の図のようにテスト実施前に部分点などの採点基準を決めておくと，採点する中で起こり得る"判定の揺れ"を減らすことができ，学習評価の信頼性を高めることができます。評価の妥当性も高めるために，採点前に生徒の具体的な記述を10点ほど持ち寄って，複数の教員で判定基準について意見のすり合わせ（モデレーション）を行っておくと安心です。

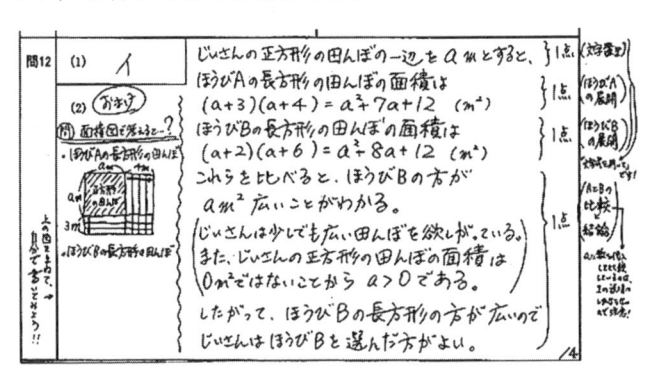

3 信頼と納得のある学習評価に向けた3つの一貫性

☐ 指導と評価の一体化に向けた単元計画

　文言「指導と評価の一体化」は2001年の指導要録の改訂時期から用いられ，現在も学校教育の主要テーマとなっています。髙木（2019）は，「『指導と評価の一体化』を行うには，指導内容を評価規準として明確に位置付け，さらにそれを単元や題材の計画として，何を，いつ，どのように取り扱い，また，それをどのような指導を通して育成するかを意図的・計画的に行うことが求められる」と，単元計画の立案と実施の重要性を述べています。学習評価を含め入れた単元計画の具体は，紙面の都合上，本書では例示できません。国立教育政策研究所が発行した評価の参考資料で，第1〜4事例の「指導と評価の計画」の表（pp.42〜44等）が大変練られているので，読み込んでください。

☐ 主観の入る評価を「信頼と納得」化する

　評価の参考資料における事例2（一次方程式）の第9時で，目標と評価規準（p.53）を表した文の後半はそれぞれ，「一元一次方程式を用いて問題を解決することができる」，

「一元一次方程式をつくることができる」です。これらを比べると，目標は「解決すること」と広く，その構成要素である「式をつくること」が評価規準になっています。他も同様で，目標は広く，評価規準は狭く表現されています。

　なお，p.52の表で，第9時の「ねらい・学習活動」の欄には「方程式を個数と代金に関する問題など具体的な場面で活用することを通して，問題の中の数量やその関係に着目し，一元一次方程式をつくることができるようにする」とあることから，指導の主眼が「式をつくること」に絞られていると読みとることができます。また，この書きぶりは「（具体的な学習活動）を通して（一般的な目標or評価規準）ようにする」となっています。

　上記の「広い・狭い」や「具体的・抽象的」は，国の資料における表現の例示に過ぎません。最も大切なことは，教師が指導（目標），評価（評価規準），学習の3つに一貫性をもたせて設定することです。評価は，どうしても主観が入らざるを得ません。この主観の入る評価を，生徒から信頼され納得されるものにするためには，まずは上記の一貫性のある単元計画を立てることです。その上で，年度や単元の最初，評価を獲りにい 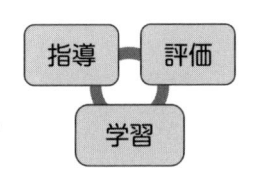 く授業の最初に，評価の方針や手順等を説明しましょう。

【参考文献】
・髙木展郎（2019）『評価が変わる，授業を変える』（三省堂）

4 授業を思い出せるテスト作問

□ テスト問題を見て、
生徒は授業を思い出せるか

　次の図は、中3の二次方程式に関するテスト問題です。

問11　次の【問題】があります。

> 【問題】右の図のように、縦が $18\mathrm{m}$、横が $26\mathrm{m}$
> の長方形の土地に幅が一定の道をつくり、残りを
> 花だん（灰色）にします。花だんの面積を $352\mathrm{m}^2$
> にするには、道の幅を何mにすればよいですか。

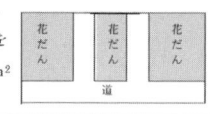

　あやのさんはこの【問題】を解決するために、方程式 $(18-x)(26-2x)=352$ を
つくりました（方程式を解く必要はありません）。このとき、次の問いに
答えなさい。（5点＋6点）

(1) あやのさんがつくった方程式で、x が表している数量を言葉で答えなさい。

(2) あやのさんはつくった方程式を正しく解いて $2, 29$ と解を求め、この【問題】
　の答えを「$2\mathrm{m}$、$29\mathrm{m}$」と書きました。「$2\mathrm{m}$」と「$29\mathrm{m}$」はそれぞれ、この
　【問題】の答えとして正しいでしょうか。次のア～オから正しいものを1つ
　選び、記号で答えなさい。

> ア．この【問題】の答えとして、$2\mathrm{m}$ と $29\mathrm{m}$ は両方とも正しい。
>
> イ．この【問題】の答えとして、$2\mathrm{m}$ は正しいが、$29\mathrm{m}$ は正しくない。
>
> ウ．この【問題】の答えとして、$2\mathrm{m}$ は正しくないが、$29\mathrm{m}$ は正しい。
>
> エ．この【問題】の答えとして、$2\mathrm{m}$ と $29\mathrm{m}$ は両方とも正しくない。
>
> オ．この【問題】は、そもそも答えが出ない。

　また、そう考えた理由を、不等号を用いて x の変域を問題文から的確に
表して説明しなさい。

　どんな授業を基にして出題したか想像してみてください。

□ 指導したことができるようになったかを
　評価する

　前頁の問11（1）は問題文と式を照らし合わせて，何の数量を文字で表したかを答える問題です。次の板書の授業での学びを基にしました。実施は下の図の授業の直後です。

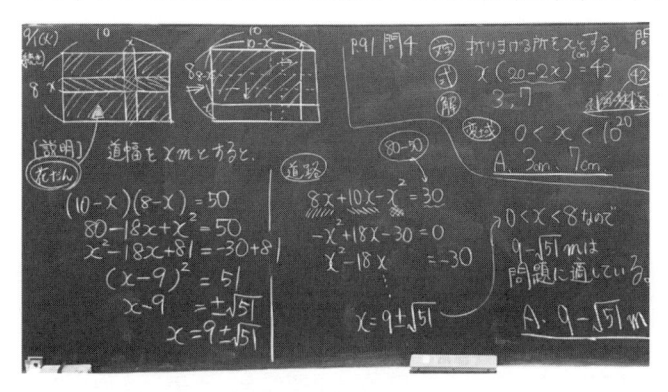

　また，（2）は問題に照らして解を吟味できるかどうかをみる問題です。基にした授業の板書が次の図です。

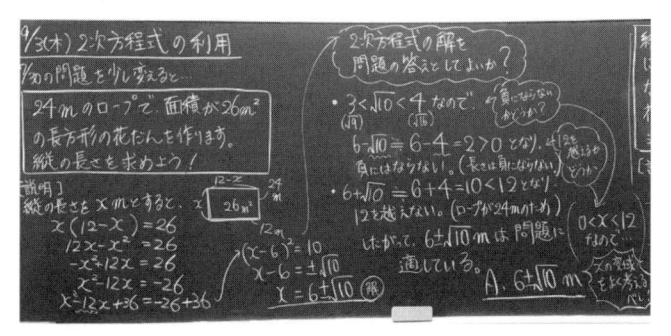

　授業を思い出すような問題を出し続けていると，生徒は少しずつ，日頃から授業の復習に注力するようになります。

5 妥当性の高いテスト作問

□ 評価規準による作題の違い

テストの問題は，評価の観点と出題の意図（評価規準）を強く意識してつくるものですが，これがなかなか難しい！　では，中3の平方根を例に考えてみましょう。次の問1，2は観点「知識・技能」の問題です。

> 問1　$\sqrt{7}$，$\sqrt{5}$，3の大小関係を，不等号を用いて表しなさい。
>
> 問2　$2\sqrt{2}$，3，$\sqrt{7}$の大小関係を，不等号を用いて表しなさい。

問1の評価規準は「平方根の大小関係について理解している」で，大小関係のきまり「$0 < a < b$ ならば $\sqrt{a} < \sqrt{b}$ である」についての事実的な知識を習得しているかをみる問題です。平方根の意味を誤って $3 = \sqrt{6}$ などとしてしまうと誤答につながってしまいます。

一方，問2の評価規準は「平方根の大小関係について，$a\sqrt{b}$ や $\sqrt{a}$ の形に表すことと関連付けて理解している」で，既有の知識や技能などと関連付け，概念的な理解があるかどうかをみる問題です。大小関係のきまりを理解していて

も，平方根の意味や技能を誤って$\sqrt{7} = 3.5$や$2\sqrt{2} = \sqrt{4}$としてしまうと誤答につながってしまいます。

中教審のH31評価報告で述べられているように，評価に当たっては，事実的な知識の習得を問う問題と概念的な理解を問う問題をバランスよく出題する必要があります。その前提としては，数学的活動を「主体的・対話的で深い学び」で実現し，知識及び技能を活用できる程度に習得していることが大切です。

□ 観点による作題の違い

次は，数だけでなく，答え方も少し変えて，観点「思考・判断・表現」の問題をつくりました。

> 問3　$\sqrt{8}$，$\sqrt{3} + \sqrt{5}$，$\sqrt{15}$の大小関係を，不等号や必要に応じて等号を用いて表しなさい。

問3の評価規準は「平方根の大小関係や計算についての知識及び技能を活用して，与えられた数の大小関係を判断し，その理由を考察し表現することができる」で，活用する力が身に付いているかをみる問題です。

代表的な誤答としては，$\sqrt{8} = \sqrt{3} + \sqrt{5}$としてしまうものがあります。計算についての知識が曖昧さによるもので，正しく活用できていません。また，$\sqrt{3} + \sqrt{5} < \sqrt{15}$としてしまう誤答もあります。近似値の考えにより，$\sqrt{3} = 1.\cdots$となり，$\sqrt{5} = 2.\cdots$となるので，$3 < \sqrt{3} + \sqrt{5} < 4$だろうと

考えています。次いで $\sqrt{15} \fallingdotseq \sqrt{16}$（15は4より少しだけ小さい）と考え，$\sqrt{3} + \sqrt{5}$ より $\sqrt{15}$ の方が大きいと推測するものです。「1.…の数と2.…の数の和は3.…」と予想した事柄に対する反例（例えば，$1.7 + 2.6 = 4.3$（> 4））に考えが及んでいません。

　観点「思考・判断・表現」の評価について，中教審の「児童生徒の学習評価の在り方について（報告）」(2010)には，「従来の「思考・判断」に「表現」を加えて示した趣旨は，この観点に係る学習評価を言語活動を中心とした表現に係る活動や児童生徒の作品等と一体的に行うことを明確にするものである」(p.15) とあり，この理念は現在にも引き継がれています。以上のことから，テストでは記述式の問題で評価することが適していると考えられます。

　ただ，テストの観点「思考・判断・表現」の問題のすべてを記述式の問題にしてしまうと，解く生徒も採点する教師も時間と手間が相当かかります。したがって，記述式の問題であっても，例えば説明や証明のある一部分のみを記述する問題も出すなど，様々なタイプの生徒にとって解答しやすくし，負担を軽くする配慮も必要です。

　一方で，テストでは，問題から立てた式や問題の答えなど，数学的に考察して表現したプロセスにおける一部分（表現に至る手前の思考）に焦点を当てて評価したい場面もあるでしょう。その場合は短答式が適しています。以上から，テストでは，記述式の問題を中心としながら，短答式の問題も組み合せて本観点について出題することが，現

実的には望ましいと私は考えています。

　問3は短答式でした。同観点で，理由の説明を問う記述式問題の問4を見てください。

> **問4** $\sqrt{3}+\sqrt{5}$ と $\sqrt{15}$ とではどちらが大きいでしょうか。答えとそう判断した理由を説明しなさい。

　数を減らし，指示文を変更しました。問3の評価規準は「平方根の大小関係や計算についての知識及び技能を活用して，与えられた数の大小関係を判断し，その理由を考察し表現することができる」です。

　次の図は正答例です（些細な誤記を含みます）。

　自由記述を求める出題では，何を説明するか（説明の対象）を明示して表現するように注意します。どのように説明するか（説明の方法）は，その記述の質の差が部分点に現れるので，指示文には詳細には表現しない方がよいですが，生徒が困りそうであれば「数学的な根拠を明らかにして」などと大まかに表現するとよいでしょう。

6 レポートでは 評価規準を事前に示す

□ レポート課題にどの子も取り組めるように

　長期休業などでレポート課題を生徒に出したことはありますか。私は，お休みに入る前に協働学習で数学的な見方・考え方を鍛えておいて，お休み中に個別学習で各自が見方・考え方を働かせてレポートを作成するような，協働学習と個別学習を組み合わせる展開が効果的だと考えています。ただ，「できる子しかできない…」となるのが，この手の学習の“残念アルアル”。そのような事態を回避し，どの子も問題の発見と解決に取り組めるようなレポート課題の実践方法として，中3での取組を紹介します。

> 「道幅一定の道路の面積」の問題の条件を一部変えて新たな問題をつくり，解きましょう。

　中3の多項式の教材「道幅一定の道路の面積」は，どの教科書にも載っています。例えば夏休みの前日にこのレポート課題を出して，夏休み明けの初日に確実に提出できる子は，先生方の教室に何割ほどいるでしょうか？　問題をどうつくればよいかわからないAさん。真っ白な紙のど

こに何を書けばよいか固まってしまう B さん。教師が期待する活動とは違う方向に突っ走りがちな C さん。隣に誰かいないと取り組まない D さん。いろいろなタイプの子が考えられます。

□ 数学的な見方・考え方を働かせる下準備

　私は 5 月の連休でレポート課題を出そうと思い，その直前の 2 時間で次の授業をしました。

[第1時] 道幅一定の正方形の道路の面積 S を多様な方法で表す。見方を変えると $S = a\ell$（センターラインの長さ×道幅）であると気づく（板書は本書 p.105 参照）。

[第2時] 正方形を円に変えても $S = a\ell$ が成り立つことを確かめ，説明する。条件を変更した問題を個人でつくってみて，近くの席の子と意見交換する。

　生徒には，線分で囲まれた図形の代表，曲線で囲まれた図形の代表として正方形と円を取り上げていると伝えていました。条件変更のきっかけをつくる場面では，「$S = a\ell$ ってどんなときでもいえるのかなぁ」と敢えて漠然と投げかけるようにして，生徒には「道幅一定とは何か」「平面じゃなくてもよいのか」「既知の図形でなく模様でもよいのか」などという問いの焦点化を期待しています。

　連休中の個別学習では，第 1 時の多様な方法や第 2 時の説明の仕方を上手に活用できればよいのですが，つくった問題によっては，特に文字の置き方に工夫が必要です。第

1時の「台形に分ける」「角とそれ以外に分ける」等の多様な方法の押さえが極めて重要です。困った人用に，板書やヒント動画などをクラウドにアップしておくことをお勧めします。

□ レポートの表紙を工夫し，評価規準を示す

次頁の図は2校時の後半で配ったレポートの表紙です。A〜Dさんタイプの子たちの意欲が萎えてしまわないように，次のような手立てを打っています。

[Aさんへの手立て] 連休直前の2時間目後半に，問題づくりと意見交換を設けました。私は机間指導で，必要な助言や対話の促しに努めました。

[Bさんへの手立て] 書く内容を表紙の「留意点」に明示しました。手書きを嫌がる生徒には，ドキュメントファイルを配付しました。

[Cさんへの手立て] つくる問題を2つ以上にして「次はこうなりそうだ」と予想を立てやすくしました。活動をある程度方向づけようと，評価規準を示しました。前年度の類似活動を想起させるのも効果的です。

[Dさんへの手立て] GW明けの放課後に希望者を集め，レポートの完成を目指す少人数補習をしました。第1，2時との関連付けを意識します。

素晴らしい面があれば，私は評価規準の欄の◎印に赤ペンで丸をつけ，AやA°を書いて各自に返していました。

ホッチキス

5月8日（月）数学授業で発表会→提出

発展レポート ～道幅一定の道路の面積～

4月末の授業で，

> 「道幅一定の道路の面積を S，道幅を a，
> センターラインの長さを ℓ とすると，
> $S = a\ell$ が成り立つ。」

ということを，正方形と円について，文字式を用いて
証明しました。どんなときに成り立って，どんなときに成り立たないのでしょうか。
次のレポート課題に，5月1日（月）の授業や家庭などで取り組みましょう。

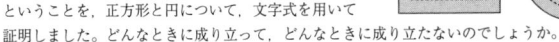
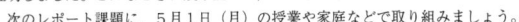

レポート課題
「道幅一定の道路の面積」の問題の条件を一部変えて新たな問題をつくり，解きましょう。

【留意点】

☐ レポートは，これまでと同様に，1つの問題に対して，次の項目で書いていきます。

> 1. **問題**（「円を〇〇に変える」など，何を何に変えたのかを正しい用語を使って書く。）
> 2. **動機**（なぜそう変えたのか，変えた理由を書く。）
> 3. **内容**（考えた過程がわかるように，式や言葉を使って説明する。）
> 4. **まとめ**（どのような式になり，どのようなことがわかったのかをまとめる。）

☐ 問題を2つ以上つくります。1つの問題を終えたら，「さらにこういうことを知りたい」と
条件を変えたり一般化したりして問題をつくっていくと，活動が"探究"になっていきます。

☐ 自分の頭で考えましょう。難しくてまとめまでいかなくても，消さずに必ず残しましょう。
（習っていない公式がどうしても必要なら自宅等で Web 検索しても構いません。）

☐ レポートの最後に一連の活動を振り返り，感想を書きましょう。

☐ 問題の変え方がわからない場合には，過去の授業のノートやこれまでのレポートノートを参
考にして問題をつくって考えましょう。難しければ途中までででも構いません。

☐ 評価については以下の通りです。　　　　※　A の中で極めて良いものは A°

評価の観点	B の評価規準（◎：具体的な A の姿の例）	評価
主体的に 学習に 取り組む 態度	文字を用いた図形の性質の説明をよりよくしようとしたり，新たな性質を見つけようとしたりしている。 ◎自分なりの仮説の検証に向けて，粘り強く取り組んでいる。 ◎自分なりの仮説を立てて，見通しをもって検証しようとしている。	
思考・ 判断・ 表現	図形の性質を見いだし説明する場面において，それまでの結果や過程を振り返って評価・改善しながら，目的に応じて文字を用いた式を活用することができる。 ◎もとの問題を含め，複数の問題を統合的に見ている。 ◎つくった問題の構造や本質を見極めている。	

3年　　組　　番　名前

7 主体的に学習に取り組む態度の評価時機

□ タイミングを決めて 評価を獲りに行く

「学びに向かう力，人間性等」は，1時間で育てて評価するものではありません。単元や本時の目標に向けて，数学的活動を通して，数学のよさを実感して粘り強く考え，試行錯誤をしながら達成に向かっていく姿が対象だからです。授業者が責任をもって一人ひとりを見取ることを考えると，観察中心の評価は信頼性に欠けてしまいます。

観点「主体的に学習に取り組む態度」の評価する授業は，単元で核となるような，問題の解決方法に試行錯誤や多様性，質の違いを伴うような授業で実施することで，評価の妥当性が高まります。例えばレポートなど，既習事項を総動員して解決，説明するパフォーマンス課題の授業です。たくさんの問題を制限時間内に解く定期テストで評価することは，妥当性に欠ける面があります。

なお，"評価の闇討ち"にならないように，予め生徒に「この授業でこの資料から評価します」と伝えることが大切です。10時間未満の短い単元では末尾の1回，長い単元ではその中盤と末尾の2回くらいの特定授業を決めて，それまでに育ててから評価を獲りに行く感覚です。

　毎時間の授業の振り返りの記述・入力から評価する例を耳にしますが，生徒と先生の両方に振り返り疲れが見られると聴きます。未来へのフィードフォワードのある振り返りには，気持ちの余裕が必要です。メタ認知を促し，学習効果が高い方法としては，例えば，小単元ごとに実施する「学びの足跡シート」が，国立教育政策研究所発行の評価の参考資料（中学校数学）に掲載されています。

□ 育ててから評価する

　「学びに向かう力，人間性等」を涵養するには，「学びに向かえ，向かえ」と生徒に繰り返し言っても，まったく意味がありません。生徒が数学のよさを実感しておかないと，数学を生活や学習に活用して考えようとしたり，一旦数学で考えたことを評価して改善しようとしたりまではしません。前述のとおり，「学びに向かう力，人間性等」は，1時間の授業では育ちませんが，「こういう数学のよさを感得させたい」「こういう言動を自ずとしてほしい」という願いは，授業者として毎時間もっておくべきです。

　例えば，「正負の数の乗法」を考える授業で観点「思考・判断・表現」とそれに向けた「主体的に学習に取り組む態度」を評価する場合，その前の加法，減法の学習で，数直線を用いて計算について考察し表現することと数直線のよさについて形成的な評価を生かして指導しておきます。

8 副教材へ主体的に 取り組むためのひと工夫

□ 「鉄は熱いうちに打て」作戦

　年度当初，生徒は数学の先生が誰になるか，どうすれば力がつくか，期待と不安に満ちています。そのような気持ちが熱い時期に，「こうやって取り組めば力がつきそうだな」という見通しを立て自信をつけることは，その後のモチベーション向上に向けて重要です。そこで私は，年度当初の2週間のうちに，授業ノートと副教材用の家庭学習ノートを一度提出させ，肯定的なコメントを返していました。この時期は忙しいのですが，確認するページはごく少ないので，そこそこの時間で済みます。どの子がどんな頑張り方をするのかを理解する一助にもなるのでお勧めです。

□ 学習方法の調整を促す 副教材の使い方指導

　副教材に，AIドリルではなく冊子等の問題集を使う学校も多くあるでしょうか。私は生徒が少しでも目的意識をもち，工夫しながら家庭学習に取り組めるように，次頁の図のプリントを4月に配っていました。

『数学　家庭学習ノート』（B5判）の使い方

『数学の学習ノート　1年』と『新・数学の基礎練習』を解いて
期日に提出するために使います。予習ではなく、復習に活用します。

1. 問題を解くときには、次の①〜⑥を必ず書きましょう。
   (手書き：書かなくてもよいこともある)

   ① 取り組み方や目標を書く。（以下、例です。）
   (手書き：ページに合わせて)

   ［じっくり法］意味や方法をじっくり確認しながら満点を目指す。
   ［サクサク法］途中式を省いて手際よく正確に解く練習をする。
   ［テスト法］テストのように時間を測りながらプレッシャー下で解く。

   ② ページ・問題番号
   ③ （計算問題であれば）問題の式
   　　※文章題の問題を書く必要はありません。
   ④ 解く過程の式（途中式）や説明など
   ⑤ 丸付け（赤ペン）
   ⑥ 正しい答え（正しく解く過程の式や説明も）
   (手書き：復習をすることが大切)
   ⑦ 上記①でやってみてどうだったか、振り返りを書く。

2. 家庭での時間を計画的に使って解きましょう。
   授業で学習した内容に対応するページの問題をその日のうちにやってお
   くと、次の授業の内容がわかりやすくなります。

3. 提出するとき、宿題の範囲がどこからどこまでかがわかるように、
   付箋を「開始」と「終了」のページに各1枚付けてください。また、
   上記①〜⑥が確実にできているかを確かめてから提出しましょう。

   過程を大切にして解くことにより、実力をつけていきましょう。
   （家庭学習ノートの表紙の裏に貼っておきましょう。）

　問題を見て，自信がある子は問題を選んで「サクサク法」，自信がない子は「じっくり法」などを自分で採用する形式です。1回目は「じっくり法」，2回目は「テスト法」で取り組む子や，中間的な「じっサク法」を開発して継続する子もいました。問題集を書き込み式で取り組ませる場合は，①や⑦は各ページの余白に書くとよいと思います。

⬛9 成績処理を効率的かつ慎重に

□ 成績処理の計画を立てる

　年度や学期の最初に，成績処理の計画を立てます。次の点などで検討し，成績処理用の表計算ファイルを作ります。
・定期テストや単元テストでは，それぞれ「知識・技能」と「思考・判断・表現」の合計点を何点にするか
・小テストをどの単元で何回実施して何点分になるか
・どの単元でレポートを出題して「思考・判断・表現」と「主体的に学習に取り組む態度」で各何点にするか
・どの単元のどの辺の授業のノートからいつくらいに「主体的に学習に取り組む態度」の評価をするか
・テスト直しレポートや副教材への取組状況をどの程度「主体的に学習に取り組む態度」の評価に加味するか
・総括して評定を出す際，観点や資料のバランスはどうか

　各資料の評価を書いた紙の帳簿があれば，そこからファイルへの入力と確認の際に，致命傷のような誤りが生まれやすいので，必ず複数でしましょう。他の先生ともお互い様です。観点にＣを含む生徒の評定の判断は，先輩の先生や管理職に相談しながら進めると安心です。

□ デジタル採点の後，
　評価する時間を確保する

　私は2校でデジタル採点を経験しました。スキャンした生徒の解答用紙のうち，設問ごとの解答が番号順に PC 画面に表示されて，正誤や部分点をキーボード入力します。次の図は採点後に印刷出力した解答用紙です。

　選択式問題ではほぼワンクリックで自動採点ができ，記述式問題では途中式を柔軟につけたりコメント（上図の「2組の角」）を記入したりできていました。私の場合，採点作業は紙に比べて約3分の1の時間で済み，単純なカウントや計算のミスも減るので作業効率が大変上がりました。

　一方で，紙では数問をまとめて採点するので，どの生徒がどの問題をどう間違っているのかを把握しやすいのですが，デジタル採点だとそれがしづらいという欠点があります。そこで，採点結果を印刷して返却する前に，解答用紙を一人ずつ眺め，どの問題をどう間違っているのかを把握するという真の意味の評価をする時間を取り，その後の解説や個別指導にどう生かそうか作戦を練っていました。

10 AI ドリル・自由進度学習と「深い学び」

□ 光と影

　全国的に AI ドリルと自由進度学習が広がっています。AI ドリルを使うと単元の学習が約7倍のスピードで終わるという報道が過去にはあり，自分に合った進度で進められるという学習方法といえます。

　一方で，先進的取組で有名になった都内の公立中学校の校長先生による日本教育新聞の連載記事「『AI×自由進度学習』の弊害」には，次の言葉がありました。

「全国的に展開している標準テストの結果を精査してみた。入学時から1年間で数学の偏差値が枚学年3〜4程下がる。」

「全国規模の校長会の席上で，他県の校長から『AI×自由進度学習』による指導力低下と学力低下の話があった。AI と自由進度学習は，生徒も教員も依存度が高くなる。いかにも個別最適な学びを実現しているかのような錯覚に陥る。経験の少ない教員の授業は「自習化」するというのだ。」

　一例にすぎないかもしれませんが，「依存」という文字にぞっとしながらこれを読み，過去の都内のある区の研究

会での衝撃を思い出しました。それは AI ドリルによる単元内自由進度学習の報告で，「苦手な生徒が急に泣き出した」「AI ドリルで問題が解けるようになっても，いろんな問題が混ざった紙のテストが解けるようになっていない」というものです。前者の泣いた子は，数学が苦手過ぎて全く先に進めず自身に嫌悪感を抱いているのかもしれません。後者の状況では，次々出される類似問題を解くため「だけ」の知識しか獲得できていない可能性があります。

　香川大学教授の松島充先生らの研究によれば，検索サイト J-STAGE で AI ドリル関連の論文検索（2024年6月5日時点）を行うと，ヒットした34件のうち AI ドリルの効果を論じたのは1件で，26件は条件統制の検討の必要性，教師の適切な助言の必要性などを問題点として挙げていました。そこで松島先生らは，中1「おうぎ型の求積」について，AI ドリルと協働的な学びによる2時間続きの授業と事前・事後アンケートを実施しました。この分析を通して「AI 型ドリルは操作的解き方を強調し，意味理解には適切な教師の介入が必要である」「新たな授業デザイン（略）の実現には数学教師の高い専門性が必要とされた」と結論付けており（松島他，2024），非常に示唆的です。

□ 必要な数学教師の高い専門性

　上記の「指導の個別化」の場面において，必要な教師の役割，教師の専門性とは，果たして何なのでしょうか。

最近では，例えば講義式授業一辺倒，自由進度学習一辺倒ではなく，協働学習と個別学習の各よさを生かし，上手に組み合わせて単元を構成する必要性がよく聴かれます。個別学習という"大海原"に生徒たちを放つ前に，必要なことは何でしょうか。私は，"大海原"で泳いでみたい，と生徒が思えることだと思います。例えば，一斉展開による問題解決的な協働学習を通して内容知と方法知を身に付け，その上で，「他の問題もやってみたい」「できそうかも」と気持ちを高めてからドリルに入るのです。また，苦手な生徒が溺れそうになったときに頼れる"浮き輪"として，数学的な見方・考え方や解き方の要点を，黒板など生徒の見える場所に書き残しておくとよいでしょう。

　教師には，協働学習を通して生徒の心に意欲の火を灯し，学び（個別学習）に向かう力を支える役割があります。

□ 個別学習で教師がすべきこと

　「教師が教えてはいけない」という説を最近耳にしますが，教えてよいと私は思います。「教える」とは何か。先生が一から十まで解き方を示す教え方もありますが，生徒の気づきを促すという教え方や，放っておいて生徒自身で乗り越えられるようにするという教え方もあります。個別学習に取り組んでいる生徒を机間指導で見取るときは，どの教え方が相応しいのかを考えながら回ることが大切です。

　子ども理解と教材理解が深くないと，机間指導では瞬時

に見て判断・行動できません。様々な生徒を想像しながら教材研究しておくことが，専門家として必要です。しかし，自由進度学習では，教室で多岐に渡る学習を進めているので，一斉指導に比べて机間指導が格段に難しくなります。

中部地方のある市の研究会では，「自由進度学習では，生徒は先生や友達に質問しにくくなった」との調査報告がありました。静寂の中で，ヘルプを誰かに出しづらい，という孤立した環境に教室をしてはいけません。個別学習をしていても，誰かに頼りたくなったらすぐに頼ることが認められるような，ゆるい教室文化が大切です。このような教室文化，生徒同士あるいは生徒と教師の信頼関係は，意識的な日々の積み重ねによってつくられるものです。

資質・能力の育成に向けて，主体的・対話的で深い学びが授業改善の視点として挙げられています。個別学習や協働学習はそのための方策にすぎません。AIドリルや自由進度学習では，そのねらいを定めるとともに，問題発見の機会はあるのか（主体的な学び），思考や表現を評価・改善する意図的・計画的な言語活動はあるのか（対話的な学び），数学的な見方・考え方が働いて過去の学習との関連付けがなされているのか（深い学び）という視点で，よりよい実践を模索し続ける必要が教師にはあります。

【参考・引用文献】
・堀越勉（2024）「校長塾　経営力を高める『AI×自由進度学習』の弊害」（日本教育新聞2024年5月20日朝刊 p.4）
・松島充・市川隆介・矢野利幸（2024）「AI型ドリルによる数学学習の限界と数学教師の専門性」（日本科学教育学会第48回年会論文集，pp.513-516）

11 評価も個に応じる

□ 「個に応じた評価」の時代

　記録に残すための評価（総括的な評価）では，定期テストに代表されるような，「評価はみんな同じ方法で」という一律性が強く求められる印象をもちがちです。しかし，生徒の特性などにより，例えば記述が難しい場合や不登校などで評価資料が集められない場合などは，一律性や客観性にこだわり過ぎる必要はありません。それより，その子が持っている力を発揮できる方法を，教師は可能な範囲で合理的に模索する必要があります。

　国立教育政策研究所の学習評価の参考資料では，第4事例に「自分の考えを記述できない」など学習の状況が見取りにくい生徒への評価の個別対応の方法が例示されています。合理的な配慮は，学習指導のみならず学習評価でも必要です。先輩や管理職の先生に相談して試みてください。

□ 学校に来られない生徒

　ある年，数学の授業を担当している中3のAさんが，その年の夏頃から学校に来られなくなりました。秋頃から

は，一般生徒が下校した後の夜の時間帯に登校し，調子のよい日は2時間程度教科を変えて授業やプリント学習をする日々が続きました。

　この生徒は高校進学を目標にしていたので，学級担任は通っている塾の講師と連絡を取り合い，塾の教材も使って，本人が得意そうな内容に焦点を絞り学習指導を進めました。記録するための評価は，取り組んだ教材，ノート，夜に実施したテスト（夜に学習したもののみ）の出来などからつけました。「できていないこと」ではなく「できたこと」に目を向けて，一般生徒と規準を揃えて評定をつけました。見事入試を突破し，志望校進学を獲得できました。

　また別の年，数学の授業を担当している中2のBさんが入院することになりました。学級担任は日頃の授業の内容をBさんに日々伝えるために，毎日放課後に各教科の係からノートを借りてiPadで撮影し，メールで母親に送ることにしました。母親は家庭で印刷して入院するBさんに渡し，Bさんはそれを見て学習する，という取組を3ヶ月続けました。学校に復帰後に，小テストや定期テストを他とは遅れて実施したところ，驚くほどできていました。

　数学のノートには，印刷した級友のノートと私が送っていた板書の画像を貼り，授業の全問題を自分で解いて丸付けをしていました。「独りで病院でよく頑張ったね」と言うと，「みんなのお陰なので独りじゃないです」と笑みを浮かべて涙で答えました。私も涙を止められませんでした。

12 CCA になりそうな子をどうするか

□ 力をつけることが教師の仕事

　授業の目標に向かって模範的な取組を欠かさず行うけれど，テストやレポートをすると点が取れない苦手な子，いませんか。成績をつけると，「知識・技能」「思考・判断・表現」「主体的に学習に取り組む態度」が順に CCA になりそうなタイプ。でも，教育委員会や管理職の先生からは「CCA はつけちゃだめ」とお達しがあったりして，悩ましいですよね。

　中教審（2018）「児童生徒の学習評価の在り方について（報告）」には「『CCA』や『AAC』といったばらつきのあるものとなった場合には，児童生徒の実態や教師の授業の在り方などそのばらつきの原因を検討し，必要に応じて，児童生徒への支援を行い，児童生徒の学習や教師の指導の改善を図るなど速やかな対応が求められる」（p.12）とあります。「CCA の A を B に下げて，ばらつきのない形に直しなさい」とは書かれていません。ただ，態度以外の2観点が目標を概ねさえ達成していないのに，態度だけ十分満足の A をつけるのは，やはりどうも違和感が残ります。

　教師がすべきことは生徒に力をつけることです。生徒の

「知識及び技能」や「思考力，判断力，表現力等」がBまで高まれば「主体的に学習に取り組む態度」にAを総括的につけることの妥当性は高まります。

　例えば，授業中には問題が解けるのに，広範囲のテストでは解けなくなる子。こういう生徒は，狭い範囲の小テストやその授業の適用題を行うことで，励みとなり自信がつきます。クラウド上で提出させれば集める手間もかかりませんし，必要なときに各自の記録を見返せます。その単元の過程での小刻みな結果を，他の評価資料に加味していくのです。こまめな学習評価と学習指導で，苦手な子ののびしろを埋めて，BCAなどを目指すのです。

☐ テストの作問は
　授業をした者にしかできない

　「知識及び技能」は比較的伸ばしやすいかもしれませんが，「思考力，判断力，表現力等」はなかなか難しいですよね。少しでもその子の力を適切に見取ることができるように，評価問題を工夫することが大切です。

　例えば，中3で文字式を使って考えることはある程度できるが，表現することを十分にはできないタイプの子も一定数いるものです。私は，生徒たちの「思考も表現もできる」という状況や「思考はできるが表現はできない」という状況などを捉えるために，以下のような問題をテストに入れたことがありました。

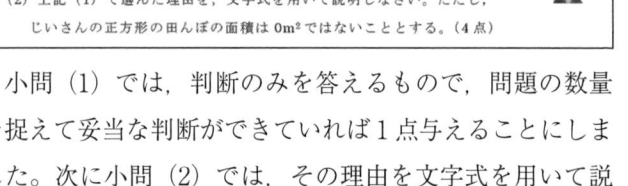
　小問 (1) では，判断のみを答えるもので，問題の数量を捉えて妥当な判断ができていれば 1 点与えることにしました。次に小問 (2) では，その理由を文字式を用いて説明するものとし，式しか書けてないものなど不足した解答にも部分点を与える形にしました（本書 p.155 を参照）。

　実施した授業とそこで生徒が身に付けたはずの力を思い出し，問題の問い方を工夫して作問します。どのような問題ならその力を測れるかをよく考える必要があり，作問は大変な作業ですが，授業者しかできないことの 1 つです。

　なお，「生徒に点を取らせてあげたい」という一心であっても，生徒が一度取り組んだ副教材の問題や一部の塾が不法に複製保管してある過去問をそのまま使うと，評価に妥当性や公平性を過度に欠く場合があり，注意が必要です。

第 7 章
授業外で
特に大切にしたいこと

1 授業への入り方

□ 授業の準備を促す

　1つ授業が終わったら，次が空き時間でもすぐ職員室に戻らず，廊下で生徒と談笑するなどして過ごし，次の他教科の授業を円滑に始められるように声掛けをしている先生は多くいることでしょう。授業開始時の着席が難しい学校もあり，私も空き時間を廊下で過ごしたこともあります。

　授業開始に遅れないように生徒に伝えている手前，当然ながら，教師も授業開始前には教室にいる必要があります。私は教卓近くの生徒とあいさつして，ある子とは部活での近況を聴いたり，ある子とは家族へのちょっとした愚痴を聴いたりして，開始のチャイムを待つようにしていました。

　余談ですが，あるクラスの授業に遅れ，小走りで「ごめーん」と教室に入ると，全員が後ろ向きで座って待っていました。口裏を合わせてボケている，私からのツッコミ待ちの状態。私もボケて黒板の方を向いて「では始めます」と言うと，生徒側からツッコミが入りました。校長先生に職員室で呼ばれていたと話すと，どんな悪さをしたのかと追及される始末…(笑)。生徒との信頼関係があってこそのほほえましい時間でした。

□ 授業の準備をそれとなく

　授業前に教室に入っておくと，授業者としてのメリットもたくさんあります。生徒の休み時間の様子が観察できる，教師用端末などの準備ができる，生徒の準備物の指示ができる，必要な情報を事前に黒板に書いておくことができる，などです。

　一方で，授業者が授業開始前にめあてや問題を書いておく行為を研究授業などでたまに見るのですが，ちょっとどうかなと思います。おそらくほんの少しの時短のために書いているのでしょうが，めあてを生徒自身が設定したり，なぜその問題を解決するのかを生徒自身が理解したりするには，やや不自然であるように感じます。前時ですでに，本時のめあてや問題を生徒と授業者とで共有していればよいのですが，そうでなければ，生徒とのやりとりを通してめあてや問題は設定されるべきです。教師から一方的に生徒に降ろされているめあてや問題には，生徒が主体的になる学習指導を目指す上で，私にはどうも違和感があります。

　一方で，授業で必要な格子点を事前に黒板に書いたり，前時の続きをするために消された板書内容を黒板に復活させたりするなど，授業中に書いているとどうしても生徒を数分ほど待たせてしまう可能性があるときには，休み時間中に予め書いておくのが得策でしょう。

2 チャイムが鳴った直後の 黄金の1分間

□ 苦手な子に駆け寄る

　チャイムが鳴り，授業が終わりました。そのとき，あなたは何をしますか。板書を撮影するのもよいでしょうし，近くの生徒から授業の感想を聴くのもよいでしょう。行動の選択肢に1つ加えてほしいのが，机間指導でフォローしきれなかった苦手な生徒のところへ近寄って，30秒から1分間程度の指導を入れる行為です。

　ちょっと，その苦手な生徒に圧をかけてしまう行動に思えますが，机間指導時に個別にやりとりをしているとき，時間がなくなったら，個別で「後で見に行くからね」と伝えておけば，その圧迫感は半減すると思います。また「この後の発表で○○をよく聴いておいてね」などと着眼点を示しておくと，その後の発表や練り上げの時間の集中力が高まり，学習効果が上がります。

　その上で，授業後に近寄って，解き方がわかったかどうか，宿題ができそうか，などを確認します。気持ちが熱いうちに，しっかり目と手をかけるのです。その場でその子が素朴に抱いた質問を受けることもできます。

□ 質問を受け付ける

　数学の授業が終わった直後，あなたのもとへ質問に来る生徒はどのくらいいますか。毎時間はいなくてもよいと思いますが，関心をもって質問をしに来てくれる生徒が増えてくるとよいですね。

　私は休み時間の10分間で，効率的に質問への対応をするために，「質問に来るときはノートを持って教卓まで来てほしい」と生徒に伝えていました。口頭だけではなく，視覚情報があると，質問への対応がしやすかったり，ノートに別解などを書き加えてあげやすかったりするからです。

　時間がなくなったときには，「次の授業の後に〇組教室の外で待ってて」と伝えて続きの質問対応をしたり，すぐには対応ができないような内容だと，授業の空き時間に別紙に説明を書いて渡したりしていました。「ちょっと今は時間がないからまた今度，ゴメン」などと断ってしまうと，その子の意欲はそれでおしまいになってしまいます。「また今度」を具体的にその場で決めるとよいですね。

　生徒の質問から「なるほど，こう考える子がいるのか」と学ばせられることも多くあります。授業中の自分の説明が誤解を招いてしまう表現であることに気づかされることも多々あり，授業改善の視点をもらっていました。質問に来てくれる生徒には，感謝の気持ちをもちたいものです。

3 ノート点検はもう1つの 1対1の場

□ 一人ひとりの学び方の工夫に気づく

　授業中に生徒がどのように取り組んでいるかを机間指導などで見取ることはとても重要ですが，その場で目に見える範囲のことはその一部に過ぎません。授業での取組の様子の多くはノートへの記述でアウトプットされるので，ノートから生徒の取組状況を把握することは，その後の指導に生かす上で大切です。単元の核となる授業で，授業中には見逃していた素晴らしい考えにノート点検で気づいて，記録するための評価に加味することもできます。

　ノートには一人ひとりのこだわりが現れることがあります。以下の図のノートでは，用いた考えを要約してメモしたり，自分で考えていなかった文字に置き換える方法を吹

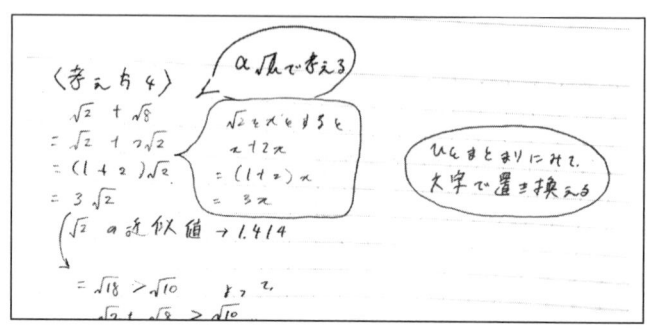

き出しで追記したりしています。

　右図のノートで
は，メタファー思
考を働かせて計算
のイメージを図で
表しています。

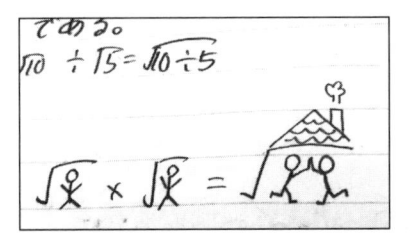

　生徒の人権に配慮しつつ，様々な学び方の工夫を全体で
紹介すると，真似し始める生徒も出てきます。

□ 一人ひとりのノートにコメントを返す

　私は学期に1，2回しかできませんでしたが，ノートに
教師からコメントを返すことも，生徒のモチベーション向
上に有効だと思います。オンラインのツールを使って，生
徒の取組に肯定的なコメントや助言を送る取組は，即時性
により長けていて，今後いっそう増えていくでしょう。

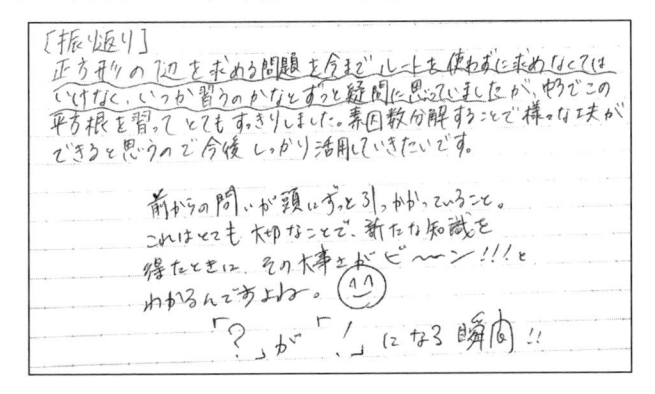

4 保護者への説明と対応

□ 指導と評価の過程を丁寧に示す

　保護者の方から，成績や学習指導のことで様々なご意見をいただくことがあります。「ウチの子はこんなに頑張ってるのにどうしてこの評定なんですか」などと感情的に迫られて，教師が傷つくような理不尽なケースも少なくありません。そんな中でも，悩んでいるであろう生徒の姿を推測して，丁寧に対応することが求められます。まずは同僚の先生に相談して対応を考えましょう。

　普段から，学習評価の基本的な考え方を理解してもらえるように学習指導と学習評価の計画や方針を生徒・保護者と共有しておくことが大切です。次頁の図は，前任校の同僚の先生方と話し合って作成した生徒・保護者用資料で，どんな姿がどの観点と結びつくのかがわかるように努めました。学習評価の基本的な考え方や観点の趣旨などをPDFファイル等にまとめて学校ホームページにアップし，通知表などに載せたQRコードなどから必要に応じて生徒・保護者が見られるようにするのもよいでしょう。

　保護者からの要望に対しては，学習評価の趣旨から応じられないこともあります。保護者の悩みや要望を，まずは

対面で傾聴します。当該生徒の様子と学習指導に関しては，生徒のノートやテストの解答などの過程を見せて，担当者として見解を述べましょう。評定などに関しては，想定問答を予め検討し，特に「応じられないこと」は学校の見解として主任や管理職から丁寧に説明してもらいましょう。

第1学年の数学科での学習を通して身に付けて欲しい資質・能力

1．身に付ける資質・能力とその評価

	知識及び技能	思考力，判断力，表現力等	学びに向かう力，人間性等
資質・能力	① 数や図形などについての基礎的な概念や原理・法則などを理解すること ② 事象を数学化したり，数学的に解釈したり，数学的に表現・処理したりすること	① 数学を活用して事象を論理的に考察する力 ② 数量や図形などの性質を見いだし統合的・発展的に考察する力 ③ 数学的な表現を用いて事象を簡潔・明瞭・的確に表現する力	① 数学的活動の楽しさや数学のよさを実感して粘り強く考え，数学を生活や学習に生かそうとする態度 ② 問題解決の過程を振り返って評価・改善しようとする態度

3つの観点で，主に次の内容を（　）内の資料から評価します。

観点	知識・技能	思考・判断・表現	主体的に学習に取り組む態度
観点別評価の出し方	①-1 数学的な知識を正しく理解する（テスト，ノート，学習支援ソフト） ①-2 複数の数学的な知識の関連付けて理解する（テスト，ノート，学習支援ソフト） ②-1 式を手際よく計算したり変形したりする（テスト，ノート，学習支援ソフト） ②-2 数量の関係やデータの分布を表やグラフに整理する（テスト，統計ソフト）	①-1 身の回りの問題を解決する過程や結果について，根拠を明らかにして説明する（ノート，レポート） ①-2 式や図形の性質を見いだしたり，それが成り立つことを説明・証明したりする（ノート，レポート，テスト） ②-1 目的に応じて，表やグラフから読み取ったことを説明する（レポート，テスト）	①-1 問題を数学的に解決しようと，あきらめずに考えたり，友だちと話し合ったり，ノートや教科書を読み直したりする（観察，振り返りシート） ①-2 問題をよりよく解決するために必要な数学的な知識や考えを探そうとする（ノート，観察） ②-1 導いた答えや説明をよりよく改善したり，新たな方法を考えたりしようとする（ノート，テスト，テストノート，レポート，観察） ②-2 自らの学習に責任をもち，ねらいを設定して，記録の取り方や復習の仕方，問題集の取り組み方などを工夫する（ノート，振り返りシート，問題集）

各観点における評価資料の評価をそれぞれ数値化し，合計点の満点に対する割合から各観点の総括を行います。

〔観点別評価と達成状況（合計点の満点に対する割合（％）の目安）〕
A° 十分満足できるもののうち，特に程度の高いもの　　90％以上
A　 十分満足できるもの　　　　　　　　　　　　　　80％以上90％未満
B　 おおむね満足できるもの　　　　　　　　　　　　50％以上80％未満
C° 努力を要するもの　　　　　　　　　　　　　　　30％以上50％未満
C　 一層努力を要するもの　　　　　　　　　　　　　30％未満

2．観点別評価から評定へ

評定の出し方	総括された観点別学習状況の評価を，それぞれ 　　A°＝5点　　A＝4点　　B＝3点　　C°＝2点　　C＝1点 として算出した合計点から評定を出します。A°，C°は教員内での表記とし，通知表にはそれぞれA，Cと表記して示します。例えば「A°BB」と「ABB」は通知票でともに「ABB」と表記されます。 〔評定と組合せの例（合計点）〕 5　　　　A° A° A°（15），A° A° A（14） 4　　　　A° A° B（13），A A A（12），A° B B（11） 3　　　　A° B B（10），B B B（9），B B C°（8） 2　　　　B C° C°（7），C° C° C°（6），C° C° C（5） 1　　　　C° C C（4），C C C（3） ※評定における3つの観点の比率は，1：1：1ということです。

【著者紹介】
藤原　大樹（ふじわら　だいき）

1976年愛媛県生まれ。鳴門教育大学准教授。専門は数学教育学。横浜市立中学校3校，横浜国立大学教育人間科学部附属中学校，お茶の水女子大学附属中学校の数学科教諭を経て現職。文部科学省による学習指導要領改訂，及び国立教育政策研究所による学習評価に関する公的委員などを歴任。学生指導と数学教育研究の傍ら，各地の研究会や研修会で現職教員研修にも取り組んでいる。

著書に『「単元を貫く数学的活動」でつくる中学校数学の新授業プラン』（単著，明治図書，2018），『中学校数学科　新学習指導要領×アフター・コロナ×GIGAスクール時代の数学授業　39の新提言』（編著，明治図書，2021），『板書で見る全単元・全時間の授業のすべて　数学　中学校1～3年』（編著，東洋館出版，2022）などがある。

１年目から生徒に信頼される！
中学校数学授業づくりの教科書

2025年4月初版第1刷刊 ©著　者	藤	原	大	樹
発行者	藤	原	光	政

発行所　明治図書出版株式会社
http://www.meijitosho.co.jp
（企画・校正）安藤龍郎

〒114-0023　東京都北区滝野川7-46-1
振替00160-5-151318　電話03(5907)6701
ご注文窓口　電話03(5907)6668

＊検印省略　　　組版所　日本ハイコム株式会社

本書の無断コピーは，著作権・出版権にふれます。ご注意ください。

Printed in Japan　　　　ISBN978-4-18-543220-7
もれなくクーポンがもらえる！読者アンケートはこちらから　→